노력파는 아무도 못 당해

국립중앙도서관 출판시도서목록(CIP)

노력파는 아무도 못 당해 / 지은이: 양지안 ; 그린이: 김창희. -- 개정판. -- 고양 : 위즈덤하우스, 2011
    p. ;   cm. -- (자기계발 위인동화 ; 03)

ISBN 978-89-6247-314-8 14810 : ₩9800
ISBN 978-89-6247-311-7(세트)

위인 동화[偉人童話]

990-KDC5   CIP2011002371

자기계발 위인 동화 03

노력파는 아무도 못 당해

개정판 1쇄 발행 2011년 6월 24일 개정판 2쇄 발행 2013년 4월 30일

지은이 양지안 그린이 김창희 기획 설완식
펴낸이 연준혁 스콜라 부문대표 황현숙

출판 5분사 편집장 배재성
제작 이새승

펴낸곳 (주)위즈덤하우스 출판등록 2000년 5월 23일 제13-1071호
주소 경기도 고양시 일산동구 장항동 846번지 센트럴프라자 6층
전화 (031)936-4000 팩스 (031)903-3891
전자우편 scola@wisdomhouse.co.kr 홈페이지 www.wisdomhouse.co.kr
출력 미광원색사 종이 월드페이퍼 인쇄 (주)현문 제본 서정바인텍

ⓒ양지안, 2008
ISBN 978-89-6247-314-8 14810
ISBN 978-89-6247-311-7 (세트)

이 책은 저작권법에 따라 보호받는 저작물이므로 무단전재와 무단복제를 금지하며,
이 책 내용의 전부 또는 일부를 이용하려면 반드시 저작권자와 (주)위즈덤하우스의 동의를 받아야 합니다.
 * 잘못된 책은 바꿔 드립니다.   * 책값은 뒤표지에 있습니다.

노력파는 아무도 못 당해

양지안 지음 | 김창희 그림

 **작가의 말**

이런 상상 한번 해 보아요.

지금 여러분은 세상에 태어나기 전이에요. 여러분은 어떤 사람으로 태어날 것인지 고를 수 있답니다.

자, 한번 골라 보세요.

1. 재능이 뛰어난 데다 노력도 엄청 하는 사람
2. 재능은 뛰어나지만 노력하지 않는 사람
3. 뛰어난 재능은 없지만 열심히 노력하는 사람
4. '인생 별거 있어?'라며 되는 대로 사는 사람

1번이나 3번을 고른 사람은 자기가 바라는 일을 반드시 이루어 냅니다. 1번이 3번보다 빠른 시간 안에 이룰 수 있겠지요. 2번이나 4번을 고른 사람은 뜻을 이루기 어렵습니다. 2번처럼 재능을 가지고 태어났다고 해도 노력하지 않으면 재능은 아무짝에도 쓸모없는 것이 된답니다. 그야말로 '그림의 떡'이지요.

그럼 이제 현실로 돌아와 여러분을 보세요. 여러분은 몇 번을 골라 태어났을까요?

1번을 골라 태어났다고 생각한다면 정말 훌륭합니다. 자신의 재능을 일찍 발견한 데다 노력까지 한다니 말입니다. 1번은 아닌 거 같다 해도 그리 속상해 할 일은 아닙니다. 여러분이 스스로를 잘 몰라서 그러는 것이니까요.

여러분은 모두 1번을 골라 태어났습니다. 아니라고요? 제 눈에는 여러분이 갖고 태어난 재능과 노력이 보입니다. 몇 사람은 자신이 고른 재능과 노력을 좀 단단한 껍데기 속에 꽁꽁 숨겨 두었군요. 이 책에 나오는 여섯 사람을 만나고 나면 그 껍데기를 벗겨 버릴 수 있답니다.

혹시 좋은 목표가 생기면 그때부터 열심히 하겠다 생각하고 있나요? 마음은 생각처럼 빨리 움직이지만 몸은 오랜 시간 길들여 놓지 않으면 뜻대로 움직이지 않습니다. 공부를 열심히 해야겠다고 아무리 굳게 마음먹어도 버릇이 들지 않으면 책상 앞에 앉아 있기 힘든 것처럼 말입니다. 그래서 작은 일부터 성실하게 열심히 하는 버릇을 들여 놓아야 합니다.

꼭 이루고 싶은 꿈을 아직 찾지 못했더라도 노력하는 생활 태도는 지금부터 길들이세요. 그래야 꿈을 찾았을 때 거뜬히 이루어 낼 수 있으니까요.

여러분은 할 수 있습니다!

양지안

차례

작가의 말   4

1 노력파 시인의 반복 학습 비법
똑같은 책을 만 번 읽은 김득신

머리가 나쁜데 노력하면 뭘 해	13
만 번을 읽어도 가물가물	15
양반집에 바보가 태어나다	18
마르고 닳도록 읽고 또 읽다	23
재주를 탓하지 말고 한계를 짓지 말라	30
김득신에게 배우는 노력의 비법	36

2 노력파 사장의 인생 성공 비법
노숙자에서 사장이 된 크리스 가드너

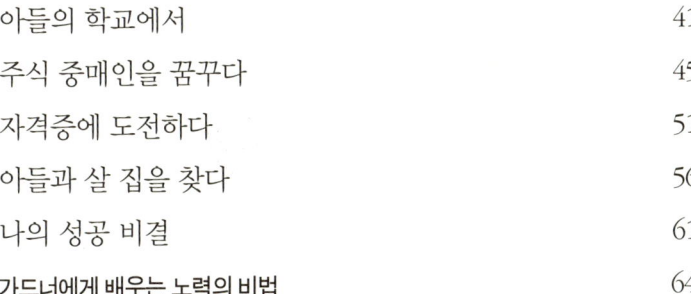

아들의 학교에서	41
주식 중매인을 꿈꾸다	45
자격증에 도전하다	51
아들과 살 집을 찾다	56
나의 성공 비결	61
가드너에게 배우는 노력의 비법	64

3 노력파 과학자의 시간 관리 비법
시간을 만들어 낸 알렉산드르 류비셰프

사기꾼이냐 과학자냐, 진실을 밝혀라	69
사건의 열쇠를 찾아라	73
류비셰프의 시간 관리 방법	80
실천을 위한 작은 규칙들	85
시간을 캐낸 류비셰프, 눈부신 삶을 살다	90
류비셰프에게 배우는 노력의 비법	92

4 노력파 의원의 신분 차별 극복 비법
끈기와 도전 정신으로 《동의보감》을 쓴 허준

무서운 전염병, 두창	97
허준, 두창신과 싸우다	102
하나만 생각하고 생각한 대로 가다	108
유배지에서 의학책을 쓰다	113
은근과 끈기로 《동의보감》을 완성하다	118
허준에게 배우는 노력의 비법	120

5 노력파 화가의 장애 극복 비법
입과 발로 그림을 그리는 앨리슨 래퍼

팔다리가 없는 니키에게	125
얼음보다 차가운 엄마	129
좌절의 시간들	132
그림 속에서 길을 찾다	136
살아 있는 비너스	141
아이를 낳다	144
니키야, 이제 네 차례다	147
앨리슨 래퍼에게 배우는 노력의 비법	150

6 노력파 학자의 좌절 극복 비법
역사책을 쓰는 데 일생을 바친 사마천

죄인의 몸으로 역사책을 쓰다	155
견디기 힘든 고난의 시간들	159
꿈을 위해 살아남는 길을 택하다	163
나만의 방식으로 역사책을 쓰다	168
이 책을 아버지께 바치다	172
사마천에게 배우는 노력의 비법	174

❶ 노력파 시인의 반복 학습 비법

똑같은 책을 만 번 읽은
김득신

김득신
(1604~1684)

김득신은 조선 시대의 뛰어난 문장가로 손꼽히는 시인이에요.
김득신의 아버지는 높은 벼슬을 한 양반이지요.
아버지의 큰 기대 속에서 태어난 김득신은 머리가 어찌나 나쁜지 열 살에 글을 배우기 시작했는데도 좀처럼 깨치지 못했어요. 스무 살이 되어서야 겨우 혼자 글을 지을 수 있었지요. 그런데 어떻게 이름난 시인이 될 수 있었을까요?
김득신은 자기 머리가 나쁘다는 것을 알고 남들보다 더 노력했어요.
김득신이 가장 중요하게 생각한 공부 방법은 반복 학습이었어요.
김득신은 읽고 또 읽고 끊임없이 되풀이해 읽었지요. 그러나 그렇게 수없이 읽은 책도 책장만 덮으면 까맣게 잊어버리기 일쑤였어요. 하지만 나쁜 머리를 탓하며 공부를 포기하지 않았어요. 오히려 자신이 모자란다는 것을 깨닫고 더욱 열심히 공부했어요. 그리고 책을 읽으면 책을 읽은 횟수와 함께 책 내용과 느낌을 꼭 적어 두었습니다.
김득신은 만 번 넘게 읽은 책은 따로 《독수기》라는 기록장에 적어 놓았어요.
《독수기》에는 모두 서른여섯 권의 책이 실려 있어요. 사마천의 《사기》에 나오는 〈백이전〉은 가장 좋아해서 11만 3,000번이나 읽었지요.
김득신은 책을 많이 읽었을 뿐만 아니라 좋은 문장을 쓰기 위해 30여 년 동안 전국의 절을 돌아다니며 문장을 갈고닦았어요.
김득신이 지은 시 416수는 《백곡집》이라는 이름으로 묶여 지금까지 전해온답니다.

머리가 나쁜데
노력하면 뭘 해

현관문이 벌컥 열리더니 사내아이 하나가 성큼성큼 집 안으로 들어온다. 사내아이를 본 할머니의 얼굴에 웃음이 번진다.

할머니 우리 손자, 학교에서 공부하느라 고생이 많았지?
손자 (잔뜩 뾰로통한 얼굴로) 할머니, 나 기분이 별로 좋지 않으니까 웬만하면 말 시키지 마세요.
할머니 도대체 누가 우리 손자 기분을 이렇게 나쁘게 만들었을꼬? 친구에게 맞았니?
손자 아이 참, 맞긴 누가 맞았다는 거예요?
할머니 그것도 아니면 도대체 왜 이리 화가 났을꼬?
손자 (한숨을 내쉬며) 전 바보인가 봐요.
할머니 바보라니? 아니, 얘야, 네가 어떻다고 바보라는 거니?

손자 시 외우기 숙제가 있어서 밤새 시를 외우고 또 외웠어요.

할머니 그런데?

손자 선생님이 제 이름을 불러 자리에서 일어섰어요. 그런데 기억이 하나도 안 나는 거예요. 한 줄도요.

할머니 밤새 열심히 외웠는데 하나도 생각나지 않더란 말이지? 선생님은 네가 게으름을 피우고 숙제를 안 한 줄 아셨구나.

손자 네.

할머니 학교에 와서야 시 외우기 숙제를 하고도 줄줄 잘 외운 친구도 있을 텐데 너는 미리 공부하고도 기억이 안 났으니 정말 속상했겠구나. 할머니 말 좀 들어 보렴. 공부는 농사와 같아서 하루아침에 결실을 보기가 힘들단다. 씨를 뿌리기 전에는 땅을 고르고 거름을 주어야 하고, 씨를 뿌린 뒤에도 싹이 나고 자라기까지 오랜 시간과 정성을 들여야 하지.

손자 (듣기 싫다는 듯 귀찮아하는 목소리로) 알았어요.

할머니 아무래도 안 되겠구나. 네가 좋아하는 옛날이야기 하나 들려줄까? 머리가 아주 나쁜 사람 이야기란다.

손자 나만큼 나쁜 사람인가요?

할머니 글쎄다, 나는 네 머리가 나쁘다고 생각해 본 적이 없어서 뭐라고 대답할 수가 없구나. 네가 한번 들어 보고 판단해 보렴.

만 번을 읽어도
가물가물

조선 시대에 김득신이라는 사람이 있었는데……. 그렇지, 바로 이 사람이 할머니가 말하려는 머리가 아주 나쁜 사람이야. 얼마나 머리가 나빴는지 잘 들어 보려무나.

하루는 김득신이 말을 타고 터벅터벅 길을 가는데 어느 집에서 글 읽는 소리가 흘러나왔단다.

또랑또랑한 소리가 어찌나 듣기 좋던지 말을 세우고 가만히 들어 보았지.

"아, 어떤 글인지 내용은 알 수 없어도 화난 듯, 슬픈 듯한 느낌은 그대로 느껴지는구나."

그러며 한참을 서서 들어 보더니 고개를 갸우뚱하며 중얼거렸어.

"음, 들을수록 무척 귀에 익숙한 글이구나."

혹시 아는 글이 아닌지 기억을 더듬어 보았어. 그런데 딱히 떠오르는 글이 없었지.

"분명 어디선지 들은 것 같은데 어디서 들은 것인지 생각이 날 듯 말 듯 안 나는구나."

그러자 옆에 있던 하인이 놀라서 눈을 동그랗게 뜨고, 입을 떠억 벌리며 물었단다.

"이 글이 뭔지 모르시겠습니까, 나리?"

"그게 말이다, 귀에 익숙하긴 한데 영……."

김득신은 말끝을 흐리며 머리를 저었어.

하인은 답답해 주먹으로 제 가슴을 쿵쿵 치면서 말했어.

"아이고, 부학자 재적극박 어쩌고저쩌고하지 않습니까. 그건 나리가 날마다 읽으시는 글 아닙니까. 나리께서 허구한 날 어찌나 많이 되풀이해 읽으셨는지, 너무 자주 들어서 제 귀에 딱지가 앉을 정도입니다. 그런데 정말 생각이 안 나신다는 말씀입니까?"

"아하!"

그제야 김득신은 그 글이 자기가 즐겨 읽는 〈백이전〉이라는 걸 알았어.

〈백이전〉은 사마천이 쓴 《사기》에 나오는 글로, 옛날 중국에 살던 백이와 숙제라는 형제가 절개를 지키려고 산으로 들어가 굶어 죽었다는 이야기야.

김득신은 그 이야기를 정말 좋아해서 하루에도 몇 번씩 읽어 벌써 수만 번이나 읽은 터였어.

그래, 그렇게 수없이 읽은 글을 그저 귀에 익숙한 글이라고 생각할 정도였으니 머리가 얼마나 나쁜지 짐작이 가지?

그렇지. 네 말대로 바보 가운데서도 으뜸 바보였단다.

양반집에
　　바보가 태어나다

　김득신은 양반집 아들이었어. 양반집도 보통 양반집이 아니었지. 김득신의 아버지인 김치는 정3품 부제학이라는 높은 벼슬을 하던 양반이란다.
　어느 날인가, 부제학 대감이 꿈을 꾸었는데, 아, 글쎄 꿈에 노자가 나타났지 뭐야. 노자는 중국의 유명한 옛 철학자거든.
　'오호, 좋은 일이 생기려나 보군.'
　이렇게 생각하고 있는데 아내가 임신을 했다지 않겠니. 그러니 얼마나 좋았겠어.
　'아하, 우리 집안에 큰 인물이 나겠구나!'
　양반 체면에 겉으로 드러내며 좋아하지는 못했지만 속으로는 무척 기대가 컸지. 생각만 해도 마음이 뿌듯하고 어깨춤이 덩실덩실 추어지지 않았겠니?

달이 차서 기다리던 아들이 태어났어. 아버지는 아들의 어릴 적 이름을 '몽담'이라 지어 주었단다. 꿈 '몽' 자에 노자의 이름인 '담' 자를 붙인 거지.

그런데 이걸 어쩌니? 김득신은 아버지 기대에 전혀 미치지 못하는 아이였어.

널리 알려진 훌륭한 사람들을 보면 세 살에 《천자문》을 떼었다, 네 살에 시를 지었다, 이러잖니? 그렇게까지는 아니더라도 예닐곱 살이면 글자 몇 자는 쓸 줄 알고, 귀동냥으로라도 '하늘 천, 땅 지, 검을 현, 누를 황'을 조잘조잘 응얼거리며 다니는데 말이다. 대감집 아들 김득신은 열 살이 되어서야 비로소 글을 배우기 시작했으니…….

높은 벼슬에 있으면서 아들에 대한 기대도 컸던 아버지가 김득신이 열 살이 되도록 글을 가르치지 않은 까닭이 무엇이겠니? 될성부른 나무는 떡잎부터 알아본다는데 김득신에게서는 도무지 싹이 보이지 않았기 때문이야.

똘똘한 아이들은 하나를 알려 주면 열을 알고, 평범한 아이들은 하나를 알려 주면 서너 개를 깨닫고, 좀 모자란다 하는 아이들도 하나를 알려 주면 하나는 알지. 그런데 김득신은 하나를 알려 주면 등 돌리기가 무섭게 그대로 까먹어 버렸거든.

《십구사략》이라는 중국의 역사책 첫 단락은 스물여섯 자로 되어 있어. 김득신은 이 스물여섯 자를 사흘 동안 붙잡고 앉아 읽고도 책을 덮으면 입도 벙긋 못했단다. 그러니 주위 사람들이 얼마나 비웃었겠니?

"아휴, 저 도련님은 도대체 누굴 닮은 걸까? 대감님 댁에 바보가 태어났어."

"쯧쯧, 그러게. 대감님은 얼마나 속이 상하실까?"

이렇게 뒤에서 수군거리는 사람들이 있는가 하면, 어떤 사람은 김득신의 아버지에게 대놓고 말하기도 했어.

"대감, 저 아이 때문에 너무 괴로워하지 마시고 그냥 포기하십시오. 가르친다고 될 아이가 아닙니다."

그럴 때면 아버지는 고개를 가로저으며 딱 잘라 말했어.

"괴로워하다니요? 나는 저 아이 때문에 속상한 적이 한 번도 없습니다. 저 아이가 한참 모자란다는 것은 나도 잘 압니다. 저 아이도 알고요. 그런데도 저 아이는 제 머리를 탓하지 않고 날마다 책을 봅니다. 공부하려고 애쓰는 모습이 기특할 뿐입니다."

아버지 말대로 김득신은 늘 공부에 열중했단다. 그런 김득신을 한심하게 여기는 사람들도 많았어. 친척 어른도 그랬지.

"쯧쯧, 그 머리로 무슨 공부를 한다고 날마다 책을 끼고 사느냐? 되지도 않을 일에 매달리는 꼴이라니. 지켜보는 것도 답답하다. 괜한 짓 말고 당장 때려치워라!"

그러면 김득신은 조용하면서도 다부지게 말했어.

"걱정해 주시는 마음은 잘 알겠습니다. 저도 제가 모자란다는 걸 알고 있습니다. 남들보다 둔한 만큼 더욱 열심히 하려 합니다. 한 번에 안 되면 두 번, 세 번, 열 번, 스무 번, 하고 또 할 것입니다. 노력하지 않고 얻어지는 것이 없는데 해 보지 않고 어찌 안 된다 할 수 있습니까. 제 공부가 남들에게 미치지 못하는 것은 노력이 충분하지 않기 때문이라 여깁니다. 더욱 분발할 것입니다."

그런 마음으로 한결같이 공부한 김득신은 드디어 스무 살에 글을 지을 수 있었단다. 김득신은 정성을 다해 지은 글을 단정하게 써서 아버지에게 드렸어.

"아버지, 제가 처음 지은 글입니다. 보잘것없으나 한번 읽어 봐 주십시오."

"오, 그래. 장하구나!"

아버지는 말할 수 없이 감격했단다. 글 내용은 별거 아니었지만 그 글을 쓰기까지 아들이 얼마나 애썼을지 안 봐도 훤했으니까.

김득신이 쓴 글 한 자, 한 자에는 잘하고자 하는 열망이 가득 담겨 있었어. 아버지는 아들을 쓰다듬듯 김득신이 쓴 글을 찬찬히 한참을 들여다보고 난 뒤에 부드러운 목소리로 말했단다.

"잘했다. 애썼구나. 네가 이리 열심히 하니 정말 흐뭇하구나. 앞으로 더욱 노력하여라. 공부는 꼭 과거 시험을 보기 위해서 하는 것이 아니란다. 그러니 남의 말에 흔들리지 말고 네 뜻대로 하여라."

아버지 말씀에 김득신은 넙죽 절했어.

"고맙습니다."

믿고 격려해 주는 아버지에게 보답하기 위해서라도 더욱 노력해야겠다는 마음이 절로 우러난 거야.

마르고 닳도록
읽고 또 읽다

'타고난 머리야 어쩔 수 없다지만 노력은 내가 하기 나름 아닌가.'

김득신은 책만 덮으면 잊어버리는 기억력을 탓하거나 실망하지 않았단다. 잊어버리면 다시 읽고, 잊어버리면 다시 읽고, 밤낮을 가리지 않고 읽고 또 읽고, 수없이 되풀이해 읽었단다.

그러던 어느 해 한식날, 하인과 함께 길을 가던 김득신 머리에 아주 좋은 글귀가 번쩍 떠올랐지 뭐냐.

'마상봉한식(馬上逢寒食)'이라는 다섯 글자였어. 이것은 '말 위에서 한식을 만나다'라는 뜻이야.

김득신은 어찌나 기쁘던지 이렇게 중얼거렸어.

"정말 멋진 글귀구나! 내가 한식날 말을 타고 길을 나서지 않았으면 어찌 이다지 훌륭한 글을 생각해 낼 수 있었겠는가. 자, 이제 여기에 어울릴 만한 그 다음 글귀를 찾아보자."

김득신은 골똘히 생각해 보았어.

'마상봉한식(馬上逢寒食), 말 위에서 한식을 만나니, 말 위에서 한식을 만나니…….'

애야, 너도 한번 생각해 보련? '말 위에서 한식을 만나니, 어찌어찌하다' 이렇게 이어서 하나의 시를 완성하는 일 말이야.

김득신이 말을 멈추고 서서 중얼거리며 꼼짝 않고 있자 그때까지 딴생각에 빠져 멀뚱히 있던 하인이 물었지.

"나리, 어찌 안 가시고 서서 이러십니까?"

김득신은 한숨을 푹 내쉬며 말했어.

"내가 지금 아주 기가 막힌 시구를 하나 얻었는데 그에 걸맞은 대구를 못 찾겠구나. 마상봉한식, 마상봉한식……."

그러자 하인이 대수롭지 않게 이러는 거야.

"마상봉한식(馬上逢寒食), 도중속모춘(途中屬暮春)."

그걸 들은 김득신은 깜짝 놀라 무릎을 탁 쳤어.

"오호라, 말 위에서 한식을 만나니, 길 위에서 늦은 봄을 맞이한다. 허허, 그것 참 그럴듯하구나. 썩 잘 어울린다. 훌륭하구나, 정말 훌륭해."

김득신은 말에서 후다닥 내려서는 하인 손을 꼭 붙잡고 말했어.

"너에게 이런 재주가 있는 줄 미처 몰랐구나. 네 재주가 나보다 낫다. 이제 내가 너를 스승으로 모셔야겠어."

김득신의 말에 하인은 하도 어이가 없어서 웃음밖에 나오지 않았단다.

"아이고, 나리! 제가 뭘 안다고 그러세요. 나리께 배운 겁니다. 나리가 날마다 마상봉한식 도중속모춘 마상봉한식 도중속모춘, 이러시며 외우던 시가 아닙니까요."

그러니까 하인은 그게 무슨 뜻인지도 모르고 하도 들어서 외우고 있었던 거지. 그런데 정작 김득신은 까마득하게 잊고 하인이 생각해 낸 것인 줄 알았던 거란다.

김득신은 머쓱해졌지.

"아하, 그렇구나. 이제 생각나는구나. 그래, 내가 즐겨 외우던 시구나."

그런가 하면 한번은 김득신이 친구들과 시 짓기 모임을 열었거든. 저마다 시를 한 편씩 지은 뒤에 재미있게 놀다 가장 뛰어난 글을 뽑는 모임이었지.

이날 모임에 나온 친구들은 모두 일찌감치 시를 지어 놓고 다 같이 둘러앉아 이런저런 이야기를 나누고 노래도 부르며 즐겁게 놀았단다.

그런데 김득신은 한나절이 지나도록 한 줄도 짓지 못한 채 혼자 한쪽에서 끙끙거렸지. 그러다 막 날이 저물 때가 되어서야 두 구절이 떠올랐단다. 한 편의 시가 완성된 건 아니었지만 두 구절이 어찌나 마음에 들던지 김득신은 기분이 좋아 친구들에게 자랑하며 말했어.

"이보게들, 내가 이제야 겨우 두 구절을 얻었네. 미처 마무리하지는 못했지만 내가 지은 구절을 들어 보게나. 참으로 훌륭하다는 생각이 들 걸세."

"오호라, 그래? 그럼 어디 읊어 보게나. 얼마나 빼어난지 한번 들어 보세."

친구들의 말에 김득신은 목소리를 가다듬고 또박또박 읽었어.
"세 산의 봉우리는 먼 하늘 밖으로 반쯤 솟아 있고, 두 갈래 강은 나뉘어 백로로 흐르네."
그러고는 친구들을 둘러보며 물었지.
"어떤가? 멋지지 않은가?"
김득신의 말에 친구들은 배를 잡고 웃었어.

"하하, 그게 어찌 자네가 지은 시란 말인가?"

"이보게, 그것은 이백의 시가 아닌가."

친구들의 말에 김득신은 정신이 번쩍 들었어.

"뭐? 이백의 시라고? 아하!"

이백이라면 보통 이름난 시인이 아니지. 게다가 이 시는 아주 널리 알려진 이백의 시였어.

이백의 시라는 걸 깨닫고 나니 그 두 구절 앞뒤의 글귀가 생각났어. 조금 전만 해도 자기가 새로 지은 시로 착각할 정도로 새까맣게 잊었던 시였는데 말이야.

김득신은 풀이 죽어 어깨를 축 늘어뜨린 채 이렇게 말했단다.

"이 좋은 글귀를 천 년 전에 이백이 먼저 얻었으니 나는 석양에 붓을 던져야겠네."

김득신은 깊이 탄식했지만 친구들은 재미있어 웃음을 그치지 못했단다.

아, 그런데 친구들이 비웃은 것은 아니란다. 친구들은 김득신을 우습게 여기지 않았어. 물론 김득신이 어렸을 때는 어리석다며 비웃고 무시하기도 했지.

하지만 김득신을 옆에서 오래 지켜보고 나서는 절대로 우습게 여기지 않았단다. 다들 공부하기가 얼마나 어려운지 알게 되었으니까. 나쁘지 않은 머리로 공부하기도 힘들어 그만두고 싶을 때가 많은데 김득신은 한 번도 싫증 내지 않고, 일 년을 하루처럼 한결같은 마음으로 꾸준히 공부하니 말이야.

공부가 어렵다는 것을 잘 아는 사람일수록 김득신을 참으로 대단한 사람이라고 우러러보고, 자신의 게으름을 반성했단다. 그러니까 김득신은 친구들에게 좋은 본보기가 되어 준 사람이지.

조선의 선비들은 너나없이 책을 많이 읽었단다. 여러 권의 책을 읽기도 했지만 무엇보다 한 권의 책을 여러 차례 되풀이해 읽는 걸 중요하게 여겼어. 한두 번 읽어서는 자기 것으로 만들 수 없다고 생각한 거지. 그래서 대나무 가지에 선을 그어 읽은 횟수를 적어 가며 읽었어. 그렇게 다들 책을 많이 읽었는데 그 가운데서도 김득신이 으뜸이었단다.

"자네, 책을 너무 많이 본 것 아닌가? 그렇게 쉬지 않고 읽어 대니 자네와 책이 한 몸이 되어 누구 글인지 자꾸 헷갈리는 거 아닌가."

친구들은 김득신에게 부러움을 섞어서 이렇게 말하곤 했어.

재주를 탓하지 말고
한계를 짓지 말라

김득신은 때와 곳을 가리지 않고 책을 읽었단다.

방 안에 앉아 있을 때는 물론이고 길을 갈 때나 남들과 이야기를 주고받을 때도 책을 읽었어. 그런가 하면 밤에는 늘 책을 머리맡에 두고 잤단다.

"자면서 읽을 것도 아닌데 책을 왜 굳이 머리맡에 놓는 건가?"

누군가 물으니 김득신이 대답했다.

"자다가 문득 깨었을 때 만져 보려고 그러네. 책을 만지면 마음이 편안해지거든."

김득신이 책 없이 못 산다는 말은 이 동네 저 동네로 퍼져 나갔어.

김득신과 결혼을 하기로 한 아가씨네 집에서도 이 소문을 들었지. 아가씨네 식구들은 소문이 진짜인지 가짜인지 확인하고 싶은 마음이 들었어.

"아무리 책을 좋아하기로 결혼 첫날밤에도 책을 읽겠소?"

"아, 또 모르지. 소문이 사실이라면 결혼 첫날밤이라고 해서 다르겠나?"

그래서 첫날밤을 지낼 신방에 있던 책이란 책은 모조리 치워 버렸어. 어떻게 하나 보려고 말이야.

김득신은 결혼식을 치르고 신방에 들어가서는 책을 찾아 힐끔힐끔 방 안을 살폈단다. 그러다가 책이 보이지 않으니까 나중에는 아예 돌아다니며 방 안 여기저기를 뒤지기 시작했어. 그러나 처가 식구들이 작정하고 치운 책이 있을 리가 없지.

아, 그런데 김득신은 경대 밑에서 끝내 책력을 한 권 찾아냈지 뭐냐. 책력은 해와 달의 움직임과 24절기를 적어 놓은 것으로 달력과 같아서 처가 식구들도 그건 치우지 않았거든.

김득신은 밤이 꼬박 새도록 책력을 읽었단다. 책에 빠져 날 새는 줄도 몰랐지.

신부는 이러지도 못하고 저러지도 못해 몹시 힘들었을 거야. 새색시가 첫날부터 화를 낼 수도 없고 말이야.

김득신은 새벽이 되어서야 책을 덮으며 이렇게 말했어.

"아, 무슨 책이 이렇게 심심하냐?"

그야말로 책과 떼어 놓을 수 없는 사람이었지.

김득신은 책을 많이 읽었을 뿐 아니라 자기가 몇 번 읽었는지 읽은 횟수를 꼬박꼬박 적고, 읽은 느낌도 써 두었단다. 그 공책 이름이 《독수기》야. 책 읽은 횟수를 써 놓은 공책이라는 뜻이지.
　충북 괴산에 가면 김득신이 살던 집이 남아 있고 그 집에 《독수기》도 있단다. 《독수기》에는 김득신이 1634년부터 1670년 사이에 만 번 넘게 읽은 글 서른여섯 편의 목록과 어떤 책을 몇 번 읽었는지, 읽은 느낌은 어떤지 빼곡하게 적혀 있어. 만 번이 못 되게 읽은 책은 독수기에 쓰지도 않았어.
　《독수기》에 보면 〈백이전〉을 가장 많이 읽었는데 드넓고 변화가 많아서 좋아했다는구나. 자그마치 1억 1만 3,000번이나 읽었단다. 그리고 이걸 기념하려고 서재 이름을 '억만재'라고 지었지.
조선 시대의 1억은 지금의 10만과 같다고 해. 11만 3,000번이라니 정말 대단하지?
　그렇다고 김득신이 책을 읽기 위해 날마다 방 안에만 틀어박혀 있었던 것은 아니란다. 김득신은 좋은 글을 쓰고 싶어 했어.

그런데 좋은 글을 쓰려면 책 읽는 것 못지않게 많이 보고 많이 들어야 한다는 걸 알고 있었어. 그래서 평생 여행을 많이 다녔지. 여행을 할 때도 물론 책 읽기는 멈추지 않았단다.

김득신은 남들보다 더뎠지만 멈출 줄 모르는 지독한 노력으로 끝내 뛰어난 문장가로, 시인으로 인정받게 되었단다. 더구나 쉰아홉 살이 되던 해에는 과거시험에도 합격했어.

김득신이 남긴 수백 편의 시는 《백곡집》이라는 책에 들어 있어. 어디, 그 가운데 하나를 읊어 볼까?

고목은 찬 구름 속에 잠기고
가을 산에는 소낙비 들이친다.
저무는 강에 풍랑 이니
어부가 급히 뱃머리 돌리네.

이 시는 서울 용산 근처를 흐르는 한강 언저리에 있는 용호정사라는 곳에서 지은 시란다.

용호에 가 본 사람은 물론이고 가 보지 못한 사람도 그곳 풍경을 눈앞에 그릴 수 있을 정도로 느낌을 잘 살렸지. 임금도 이 시를 무척 좋아해서 김득신에게 칭찬을 아끼지 않았단다.

할머니 자, 김득신 이야기를 듣고 나니 어떠니?

손자 김득신에게는 조금 미안한 이야기지만 김득신과 견주면 전 머리가 좋은 것 같아요.

할머니 그렇지? 김득신을 알고 난 다음에도 머리 나쁘다고 탓을 할 수는 없지.

손자 그건 그렇고 김득신은 참 대단해요. 머리가 그 정도로 나쁘면 포기하기 쉬운데도 포기란 말을 아예 몰랐으니 말이에요.

할머니 그래, 김득신의 이야기가 감동을 주는 것은 바로 그런 모습 때문일 거다. 자, 마지막으로 김득신이 살아 있을 때 써 둔 글을 하나 들려줄 테니 가슴 깊이 새기렴.

> 재주가 남만 못하다고 해서 스스로 한계를 짓지 마라. 나처럼 둔하고 어리석은 사람도 끝내는 이룸이 있었다. 그러니 힘쓰는 데에 달려 있을 따름이다. 만약 재주가 넓지 않거든 마땅히 한 가지에만 정성을 다해야 할 것이니 이것저것 해서 이룸이 없는 것보다는 낫느니라.

손자 (벌떡 일어나며) 할머니, 이야기는 그만 들을래요. 내일 쪽지 시험이 있어서 공부를 해야겠어요.

할머니 (흐뭇한 웃음을 띠고) 오냐, 그러려무나.

저는 정말 머리가 나쁜 것 같아요. 저처럼 머리가 나쁜 아이도 공부를 잘할 수 있을까요?

'쇠는 쓰지 않으면 녹이 슨다'는 속담이 있습니다. '고인 물은 썩는다'는 말도 있지요. 뇌도 마찬가지입니다. 쓰지 않으면 좋아지지 않습니다.
'천재는 1퍼센트의 영감과 99퍼센트의 노력으로 이루어진다'는 말도 있습니다. 생각할 거리를 던져 주는 말이 아닐 수 없습니다.
한번 잘 생각해 보세요. 정말 머리가 나쁜 것일까요? 한두 번 읽어 보고 기억하지 못한다고 해서 머리가 나쁘다고 생각하는 건 아닌가요? 한두 번 읽고 아는 사람은 천재입니다. 대부분은 읽고 또 읽어야 기억할 수 있습니다. 그러니 무턱대고 머리가 나쁘다는 결론을 내리지는 마세요.
그리고 공부를 할 때는 집중해서 하세요. 책을 읽을 때는 눈으로만 보지 말고, 소리 내어 읽으면 집중도 잘되고 여러 감각을 한꺼번에 쓰니 더 잘 기억하게 됩니다. 그렇게 자꾸 되풀이해 공부하다 보면 머리가 나빠서 공부를 못한다는 말은 하지 않게 될 것입니다.
저는 똑같은 것을 만 번 넘게 읽어서 익힌 적도 있습니다.
기억하세요. 노력해서 안 될 일은 없습니다.

저는 학교 수업 시간에 선생님 말씀을 이해 못 할 때가 많아요. 이해가 안 되면 그때마다 질문해요. 그런데 친구들이 답답하다며 짜증을 내요. 질문을 하지 말아야 할까요?

모르는 것을 묻는 일은 잘못이 아닙니다. 아무리 똑똑한 사람이라도 모든 것을 다 알 수는 없는 법이죠. 가장 잘못된 것은 자기가 모르면서 아는 것처럼 행동하는 것입니다.
모를 때는 언제든 주저 말고 손을 드세요. 배우고 익히는 즐거움은 잠깐의 창피함에는 견줄 바 없이 크답니다.
정 친구들에게 미안하다면 예습을 해 가는 방법이 있습니다.
그러면 선생님 말씀을 이해하는 데 큰 도움이 될 겁니다.
아니면 궁금한 점을 공책에 적어 두었다가 수업이 끝나고 쉬는 시간에 따로 물어보세요. 선생님께 묻지 않고 직접 찾아보는 것도 좋은 공부가 된답니다.
자신이 모르고 있다는 것을 깨닫는 것이 가장 중요합니다.
그걸 깨닫지 못하면 공부를 할 수가 없기 때문이지요.

❷ 노력파 사장의 인생 성공 비법

노숙자에서 사장이 된
크리스 가드너

크리스 가드너
(1954~)

크리스 가드너는 미국의 투자 자문 회사 사장이에요. 지금이야 많은 직원을 거느린 사장이지만 한때는 집이 없어 공원이나 기차역을 헤매던 노숙자였어요.
크리스 가드너가 노숙자가 된 것은 마른하늘에 날벼락처럼 어느 날 갑자기 닥친 시련이었어요. 우연히 주식 중매인이라는 직업에 대해 알게 된 크리스 가드너는 주식 중매인이 되기로 결심하지요. 가슴을 뛰게 하는, 꼭 해 보고 싶은 일을 만난 거예요. 그러나 아내는 크리스 가드너를 이해하지 못하고 아들을 데리고 떠나 버렸어요. 이때부터 크리스 가드너는 빈털터리에 집도 없는 사람이 된 거예요.
어렵게 증권 회사에 취직한 크리스 가드너는 낮에는 수백 통씩 전화를 걸고, 밤에는 사무실에 남아 주식 중매인 자격증을 따려고 공부했어요.
무사히 시험을 통과해 자격증을 딴 뒤에도 생활은 그다지 나아지지 않았어요. 더구나 그런 때에 아들을 맡아 키우게 되었어요. 크리스 가드너는 아들과 함께 사무실 바닥이나 기차역 화장실, 공원, 노숙자 쉼터 따위를 떠돌며 살아야 했어요.
그러나 차근차근 목표를 향해 걸어갔지요. 증권 회사에 들어간 뒤로 하루도 빼놓지 않고 하루 200통씩 손님들에게 전화를 걸고, 끼니를 걸러 가며 집 얻을 돈을 저금했어요. 낮에는 손님을 먼저 생각하는 믿음직한 주식 중매인으로, 밤에는 어린 아들의 든든한 보호자로 하루하루를 성실하게 보냈지요. 그리고 마침내 성공을 이뤄 아들과 행복하게 살게 되었어요. 크리스 가드너는 성공한 뒤에도 어려웠던 시절을 잊지 않아 자신이 번 돈 가운데 상당한 액수를 가난한 사람들을 위한 자선기금으로 내놓고 있답니다.

아들의 학교에서

반갑습니다, 여러분!

주식 중매인 크리스 가드너입니다.

저기 앉아서 싱글거리는 여러분의 친구, 크리스토퍼의 아빠예요.

지난주에 담임선생님께서 보내 주신 편지를 받았을 때 '아, 드디어 올 것이 왔구나!' 하는 생각에 가슴이 철렁 내려앉았습니다.

다들 웃는데, 정말 그랬답니다.

크리스토퍼에게 일주일에 한 번씩 부모님이 살아온 이야기를 듣는 시간이 있다는 말을 들었을 때부터 걱정했어요. 그래서 크리스토퍼에게 빠지면 안 되냐고 묻기까지 했어요. 무슨 이야기를 어떻게 해야 할까 몹시 고민했거든요.

'크리스토퍼의 친구들에게 집안 이야기를 빼고 내가 하는 일에 대해서만 이야기하면 안 될까?'

이런 생각도 해 보았습니다만, 주식 중매인이라는 내 직업에 대해 한 시간 동안 이야기하면 너무 어려워서 여러분이 따분해할 거 같더군요. 벌써 하품하는 친구가 있네요. 하하, 제 생각이 맞았군요.

어떤 이야기를 할까, 한창 고민에 빠져 있는데 크리스토퍼가 불쑥 그러더군요.

"아빠, 제 걱정은 마세요."

그 말을 하는 크리스토퍼의 눈을 보는 순간 나의 고민은 말끔하게 사라졌습니다.

크리스토퍼는 내가 어떤 걱정을 하는지 알았던 것입니다. 제 생각보다 더 강한 아이로 자라난 크리스토퍼 덕분에 가벼운 마음으로 저와 크리스토퍼의 이야기를 시작하겠습니다.

여러분도 아는지 모르지만 나는 한때 노숙자였습니다. 세 살짜리 크리스토퍼를 데리고 잘 곳을 찾아 여기저기 기웃거리다 기차역 화장실에서 자기도 했습니다. 사실 내가 크리스토퍼와 노숙자 생활을 한 것을 친구들에게 말하면 크리스토퍼가 상처를 받거나 놀림 받지 않을까 걱정했답니다.

나는 주식 중매인으로 성공하기 전에 이 일 저 일을 하며 가난하게 살았어요. 주식 중매인이라는 직업이 있는지조차 알지 못했습니다.

고등학교를 막 졸업하고 일자리를 찾을 때 내 머릿속에 떠오른 것은 군대였습니다. 외삼촌 한 분이 직업 군인이었는데 어쩌다 우리 집에 올 때면 세계 여러 나라를 돌아다니며 보고 들은 이야기를 아주 재미나게 들려주었지요. 그래서 나도 외삼촌처럼 군인이 되어 바깥 구경을 실컷 해야겠다 싶어 해군에 들어갔습니다.

그런데 이게 웬일입니까? 외국은커녕 바다 구경하기도 어려운 도시 한복판 병원에 배치되었지 뭡니까.

사실 나는 그때까지만 해도 무슨 일을 꼭 하고 싶다거나 어떤 사람이 되고 싶다는 꿈이 뚜렷하게 없었습니다. 그저 무슨 일을 맡든 열심히 했습니다. 해군 병원에 가서도 마찬가지였지요. 의사를 도와 별의별 일을 다 해야 했는데 어떤 일이든 꾀부리지 않고 성실하게 했습니다. 의사들이 시키는 일뿐만 아니라 시키지 않은 일도 찾아서 했습니다.

그러다 보니 할 일이 차츰 늘어나더군요. 처음에는 자질구레한 사무와 환자의 상처를 소독하거나 고름을 짜내는 일을 하다가 나중에는 간단한 치료까지 하게 되었습니다. 열심히 일하는 모습을 보고 의사들이 이것저것 가르쳐 준 덕분이었지요. 몇몇 의사들은 내 솜씨를 칭찬하며 본격적으로 공부해 의사 자격증을 따라고 격려해 주기도 했습니다. 나는 일이 많아지는 게 싫지 않았습니다. 오히려 무슨 일이든 잘하는 내가 자랑스러워 더욱 부지런히 일하고 하나라도 더 배우려고 애썼습니다.

그러나 결혼하고 아이가 생기자 군대에서 받는 월급만으로는 가정을 꾸리기 힘들었습니다.

모자란 돈을 벌기 위해 근무가 없는 날에는 친구를 따라다니며 삯일을 했습니다. 페인트 칠하기, 건물 청소, 정원 손질, 이 일 저 일 가리지 않고 닥치는 대로 했습니다. 그래도 생활은 나아지지 않았고 아내의 불평이 늘었습니다. 더는 군대에 있을 수 없었지요.

나는 식구들을 먹여 살리려고 군대에서 받던 월급의 두 배를 주는 의료 기기 설비 회사 영업 사원으로 들어갔습니다. 자동차에 홍보 책자와 견본 제품 따위를 가득 싣고, 의료 기기가 필요한 병원이나 요양소를 찾아다녔어요. 가는 곳마다 똑같은 제품 광고를 앵무새처럼 되풀이했습니다.

지겨웠겠다고요? 아니, 그때는 그런 생각을 할 겨를이 없었습니다. 의료 기기를 많이 팔아야 월급을 더 받을 수 있기 때문에 '어떻게 하면 더 많이 팔 수 있을까?' 하는 생각만 머릿속에 꽉 차 있었습니다.

주식 중매인을 꿈꾸다

 어느 날, 다른 날과 마찬가지로 한 병원에 들러 제품 소개를 마치고 주차장으로 돌아와 차에 물건을 실을 때였습니다. '사람들 반응이 나쁘지 않았으니 며칠 있다가 다시 와야겠다'고 생각을 하며 차에 오르려는데 마치 영화의 한 장면처럼 눈부시게 멋진 빨간 자동차가 주차장 안으로 미끄러져 들어오는 것이 보였습니다.
 "아!"
 나는 넋을 잃고 멍하니 서서 빨간 차를 바라보았습니다.
 빨간 차는 빈자리를 찾지 못하고 주차장 안을 빙 돌았습니다. 그래서 손짓으로 '내가 나갈 테니 내 자리에 차를 세우세요.' 하고 알려줬습니다.
 나는 차를 뺀 뒤 빨간 차의 주인이 내릴 때까지 기다렸다가 물었습니다.

"실례합니다만, 무슨 일을 하세요?"

"주식 중매인입니다."

그때 나는 그런 직업이 있다는 것을 처음 알았습니다.

"당신과 당신 직업에 대해 궁금한 것이 많습니다만 혹시 시간을 내 줄 수 있으신가요?"

어쩐지 그 사람을 붙잡고 싶더군요. 다행히 그 사람은 처음 보는 나에게 친절을 베풀었습니다.

우리는 가까운 식당으로 가 마주 앉았지요. 빨간 차 주인은 내 질문에 자세하게 대답해 주었습니다.

"주식 중매인이란 주식을 사거나 팔려는 사람에게 필요한 정보를 주어 좋은 값에 주식을 사고팔 수 있도록 도와주는 사람입니다. 그 대가로 수수료를 받지요."

"그 일을 하려면 어떻게 해야 하나요?"

"당신이 대학을 나오지 않았다니 곧바로 시작하긴 어렵습니다. 증권 회사 가운데 수습 과정을 둔 곳이 있으니 그곳에 들어가 먼저 일을 배우세요. 그 뒤 시험을 치러 주식 중매인 자격증을 따세요. 그러면 정식 사원으로 일할 수 있어요."

설명을 듣는데 가슴이 막 뛰더군요. 비로소 내 일을 찾은 느낌이었습니다. 그때까지 여러 분야에서 다양한 일을 숱하게 해 왔지만 어떤 일도 주식 중매인처럼 나를 설레게 하거나 들뜨게 하지 않았습니다.

빨간 차 주인은 수습 과정이 있는 증권 회사 지점장 몇 명을 소개해 주었습니다. 나는 영업사원 일을 하면서 면접을 보러 다녔습니다. 면접 시간을 맞추기가 어려워 진땀깨나 뺐지요.

증권 회사는 새로운 세상이었습니다. 전화가 끊임없이 울리고 주식 가격 표시기에서 인쇄용지가 쏟아져 나오는가 하면 주식 중매인들은 큰 소리로 주문과 매매를 외치면서 시간기록계를 눌렀습니다. 사람뿐만 아니라 물건 하나하나가 모두 살아 움직이는 것처럼 보였습니다.

'나도 이제 곧 여기서 일하게 될 거야.'

정말 신이 났습니다. 그러나 그것은 성급한 기대였습니다. 여러 차례 면접을 보았지만 그때마다 떨어졌습니다.

면접관들은 하나같이 "누가 당신과 주식을 거래하려 하겠습니까?" 하고 물었습니다. 나는 많이 배운 것도 아니고 주식에 대해 아는 것도 없는 데다 증권 회사에 다닌 경력도 없었으니까요.

엎친 데 덮친 격으로 다니던 회사에서는 내가 한눈파는 것을 눈치 채고 갑자기 해고해 버렸습니다. 하루아침에 실업자가 된 나는 예전에 하던 삯일로 생활비를 벌 수밖에 없었습니다.

그런데 어느 날 일을 마치고 집에 돌아와 보니, 집이 텅 비어 있는 겁니다. 아내가 아들을 데리고 집을 나가 버린 거예요. 집 안에 있던 짐도 다 사라졌더군요. 짐이라고 해 봐야 별 거 없었습니다만 나에게는 당장 갈아입을 옷조차 남아 있지 않았어요. 이튿날 면접을 보러 가야 하는데 말입니다. 마지막 면접이 될지도 모른다는 생각에 각오를 단단히 하고 있었는데 입고 갈 옷도 없으니……. 눈앞이 캄캄했습니다. 그렇다고 면접을 포기할 수는 없었습니다.

친구네 집에 가서 땀 냄새가 잔뜩 밴 티셔츠와 청바지를 빨았습니다. 내 몸집이 더 작았더라면 친구 옷을 빌려 입을 수 있었을 텐데 맞는 옷이 하나도 없었습니다. 늦은 저녁 시간이라 빌릴 데도 없었지요.

아침 일찍 일어나 밤새 마른 옷을 챙겨 입는데 한숨이 절로 나왔습니다. 그렇지 않아도 배운 것도 많지 않고 일한 경력도 없는 것이 문제가 되어 면접에서 번번이 떨어졌는데 낡은 청바지에 볼품없는 티셔츠, 페인트가 묻어 얼룩덜룩한 운동화를 신고 면접을 봐야 한다니……. 내 모습이 얼마나 처량하게 느껴졌는지 모릅니다. 친구 집을 나서는데 코끝이 찡하고 목이 메었습니다. 겉모습은 초라해도 당당하게 보이고 싶어 어깨를 펴 봤지만 뜻대로 되지 않았습니다.

　나는 아랫입술을 꽉 깨물고 '딘 위터'라는 증권 회사로 갔습니다. 다들 출근하기 전인 이른 시각이라 사무실에는 면접관 한 사람만 앉아 있었습니다. 내가 들어가자 면접관은 쓰윽 훑어보더니 이렇게 말했습니다.

　"빈 그릇은 문 앞에 있을 텐데?"

　식당에서 그릇을 찾으러 온 줄 알았던 것입니다.

　"아……."

　어찌해야 할지, 무슨 말을 해야 할지 아무 생각도 나지 않더군요. 머뭇거리는 나를 보고 면접관이 무슨 일이냐는 듯 바라보았습니다. 나는 주먹을 꼭 쥔 채 말했습니다.

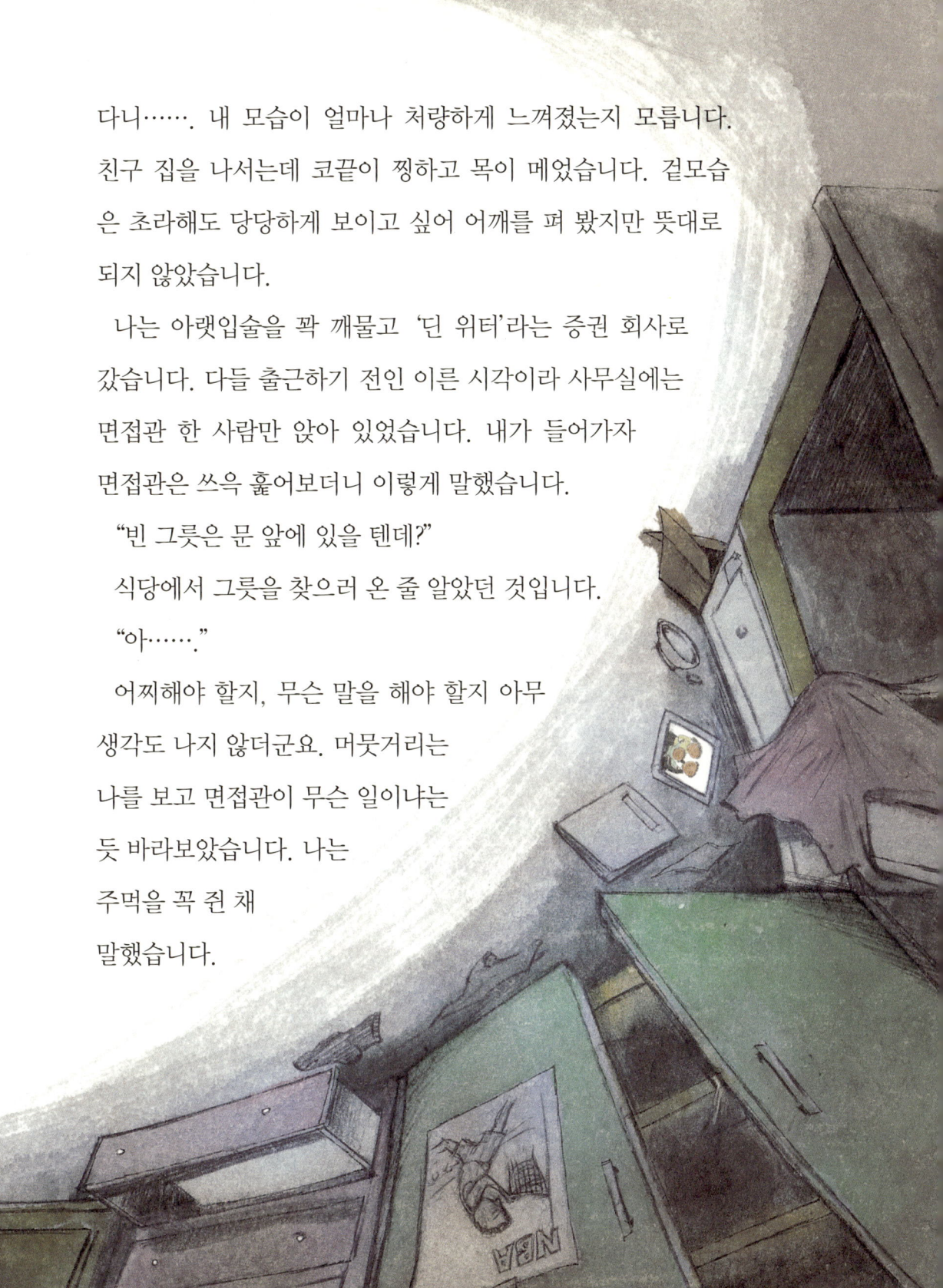

"면접을 보러 온 크리스 가드너입니다."

내 말에 면접관은 놀라 입을 딱 벌렸습니다. 그러고는 다시 나를 위아래로 훑어보았습니다.

"부득이한 사정이 있어서 이런 차림으로 왔습니다."

나는 처음보다 힘 있는 목소리로 말했습니다. 면접관은 고개를 절레절레 흔들더니 앞에 놓인 의자를 가리켰습니다.

"뭐, 일단 이렇게 오셨으니 도대체 어떤 사정인지 들어나 봅시다."

나는 자리에 앉아 내게 일어난 일을 있는 그대로 이야기했습니다. 말을 마치자 마음이 홀가분해졌습니다. 이제 어떻게 해야 하나 생각하는데 면접관이 물었습니다.

"오늘이 금요일인데 주말에 양복을 마련하실 수 있겠습니까?"

"네?"

면접관은 웃음을 지으며 말했습니다.

"월요일에 출근하실 땐 양복을 입고 오세요."

자격증에 도전하다

직장을 얻긴 했지만 달라진 건 별로 없었습니다. 수습사원 월급은 1,000달러로 의료 기기 설비 회사 월급과 견주면 3분의 1밖에 안 되는 적은 돈이었죠. 그러나 해야 할 일은 많아서 수습사원 교육을 받으면서 다른 직원들의 일을 도와야 했습니다. 주식 중매인 자격증 시험공부도 해야 했고요.

잘 곳을 마련하려면 돈을 벌어야 했지만 삯일을 할 시간이 나지 않았습니다. 한동안 나는 여러 친구 집을 찾아가 잠자고, 돈을 꾸고, 양복과 구두를 빌렸습니다.

내가 회사에서 주로 한 일은 투자 설명회에 참석하라는 전화를 거는 것이었습니다. 사람들 이름과 전화번호가 빼곡하게 적힌 명단을 보고 차례차례 전화를 걸어 밝은 목소리로 "안녕하세요, 날씨가 참 좋습니다"라고 인사를 건네고는 "이번에 저희 회사에서 고객님이 관심을 가지실 만한 좋은 투자 설명회가 있으니 꼭 참석해 주십시오" 하는 말을 하루에도 수백 번씩 하고 또 했습니다.

　내 노력으로 투자 설명회가 잘 치러진다고 해도 나에게 돌아오는 이득은 하나도 없었습니다. 그렇다고 건성으로 하거나 게으름을 피울 마음은 들지 않았습니다. 주식 중매인으로 성공하려면 쌓아 두어야 할 경험이라는 걸 잘 알고 있었으니까요.

　나는 회사 문을 들어서는 순간부터 퇴근할 때까지 오로지 일만 생각하려고 애썼습니다. 어디 있는지 모르는 아내와 아들이 떠오르면 가슴이 아파 오고 기운이 빠져 일이 손에 잡히지 않았거든요.

　아내와는 함께 살기 힘들더라도 아들은 꼭 내가 키울 생각이었습니다. 내가 아버지 얼굴도 모르고 자란 터라 그 마음이 더욱 절실했습니다. 아무튼 아들을 찾아 데려오려면 하루빨리 자리를 잡아야 했지요.

　나는 다른 사람들이 퇴근한 뒤에도 사무실에 남아 자격증 공부를 했습니다. 그런데 친구네 식구들에게 폐를 덜 끼치려면 너무 늦게 들어가지 않게 조심해야 했습니다. 그러던 어느 날 공부에 빠져 집에 갈 시간을 놓치고 말았습니다.

　'이런, 다들 자고 있겠네. 이걸 어쩌지? 오늘은 어디서 자나?'

　그때 문득 이런 생각이 떠올랐습니다.

'그냥 여기서 자면 안 될까?'

다들 퇴근하고 아무도 없으니 내가 사무실에서 자도 아는 사람이 없을 거라는 생각이 든 것입니다. 나는 하던 공부를 마저 더 하고 책상 밑에서 잤습니다. 그날부터 나는 다른 사람들이 보기에 가장 일찍 출근하고 가장 늦게 퇴근하는 직원이 되었지요.

나는 일과 공부에 대한 목표를 세우고 반드시 그 목표를 이루었습니다. 전화는 하루에 200통이 목표여서 하루도 빠짐없이 200통 넘게 걸었습니다. 그렇게 전화를 하다 보면 어느새 퇴근 시간이 되고, 사람들이 퇴근하면 시험공부를 시작했습니다.

공부해야 할 책은 두꺼운 데다 처음 보는 전문 용어로 가득 차 있어 무슨 말인지 도무지 알 수가 없었습니다. 답답해서 한숨이 나오는 걸 참으며 나에게 주문을 걸 듯 말했습니다.

"이건 암호로 된 마법의 책이야. 이 암호만 풀면 내 소원을 모두 이룰 수 있어."

그리고는 무작정 읽었습니다. 그러다 보니 낮에 일하며 주워들은 말들이 하나씩 보이기 시작했습니다. 차츰 내가 뭘 공부해야 하는지 알게 되었고, 수없이 되풀이해 읽는 사이 저절로 깨치기도 했습니다.

드디어 시험 날이 되어 시험지를 받아 보자 나도 모르게 빙그레 웃음이 나왔습니다. 내가 공부하면서 본 문제들이 그대로 나왔던 것입니다. 좋은 점수로 자격증을 땄습니다. 축하해 줄 사람은 한 명도 없었지만 정말 기뻤습니다. 어떤 일이 닥쳐도 거뜬히 헤쳐 나갈 수 있다는 자신감이 생기더군요.

자격증을 딴 뒤에도 나는 늘 하던 대로 하루 200통씩 전화를 걸었습니다. 정식 직원이 되었으니 다른 직원들을 위해서가 아니라 나의 고객을 만들기 위해 전화를 건 것이지요.

인사를 건네며 주식 중매인 크리스 가드너라고 먼저 밝힙니다. 그러면 상대방은 나를 믿고 관심을 보였고 그때 재빨리 좋은 상품에 대해 자세히 설명했습니다. 상대방이 주식을 사면 그때부터 나의 손님이었지요. 손님이 늘면 내가 받는 수수료도 그만큼 늘기 때문에 나는 더욱 부지런히 전화를 걸었습니다. 실적이 눈에 띄게 오르자 회사에서는 나를 '오늘의 주식 중매인'으로 뽑았습니다.

'오늘의 주식 중매인'이란 한 번도 주식 거래를 해 본 일이 없는 손님이 예약 없이 찾아올 경우 상담을 해 주는 중매인을 말합니다.

"손자를 위해 저축하시려고요? 그렇다면 제가 몇 가지 상품을 추천해 드리겠습니다."

나는 손님을 직접 만나 이야기하는 일에 새로운 재미를 느끼고 정성을 다했습니다. 그런데 손님 가운데 설명을 다 들은 뒤 계약을 할 때가 되면 내가 아닌 다른 중매인과 계약을 하겠다는 사람이 많았습니다.

내가 흑인이었기 때문이었습니다. 흑인은 믿지 못하겠다는 것이었지요. 그걸 알고 난 뒤 나는 곧바로 '오늘의 주식 중매인'을 하지 않겠다고 선언했습니다. 그러고는 다시 전화로 일했습니다. 전화는 내 검은 피부색을 가려 주는 장막인 셈이었지요.

아들과 살 집을 찾다

자격증을 따고 나서 얼마 뒤에 아내가 찾아와 아들 크리스토퍼를 두고 떠났습니다. 그토록 기다리던 날이 왔는데 아들을 데리고 살 집이 없었습니다. 내가 버는 돈으로는 잠만 자는 좁은 방 한 칸을 겨우 얻을 수 있었는데 그런 방도 아이가 있다면 세를 주지 않았습니다. 하긴 방세를 내고 나면 크리스토퍼를 어린이집에 맡길 돈도 없었지요. 어쩔 수 없이 근무 시간에는 크리스토퍼를 어린이집에 맡기고 잠은 사무실 책상 밑에서 잤습니다.

그러나 겨울이 되자 추운 사무실에서 아이를 재울 수가 없었습니다. 다행히 교회에서 운영하는 노숙자 쉼터를 알게 되었지요. 그곳은 저녁 여섯 시에 들어가 아침 여덟 시 전에 나와야 했습니다. 그런데 먼저 온 사람부터 들여보내서 늦게 가면 거기서 잘 수 없어요. 퇴근 시간이 가까워지면 마음이 조마조마했습니다. 어린이집까지 가는 길이 막히면 어쩌나, 고장 난 크리스토퍼의 점퍼 지퍼를 빨리 잠그지 못하면 어쩌나……. 실제로 늦게 도착하는 바람에 자리를 얻지 못한 날도 있었습니다. 그래서 기차역 화장실에서 잠을 잔 일도 있습니다. 2주 동안이나 말이죠.

문제는 그것만이 아니었습니다. 쉼터에서는 짐을 맡아 주지 않았습니다. 그래서 날마다 서류 가방에 옷 가방, 기저귀 가방 따위를 모두 바리바리 싸 등에 메고, 어깨에 걸치고, 두 손에 들고 다녀야 했습니다. 비가 올 때는 크리스토퍼의 유모차 위에 비닐로 천막을 쳐 주고 우산까지 들었습니다. 어린이집에서 쉼터까지의 거리는 걷기에는 좀 멀었지만 버스를 탈 수도 없었습니다. 그 많은 짐을 든 채 유모차를 접는 일이 도무지 엄두가 나지 않았으니까요. 그래도 다행인 것은 어린이집에 유모차를 맡겨 놓을 수 있었던 것입니다. 나는 유모차 두는 곳에 물건을 감추어 놓고 출근하곤 했습니다.

하루하루를 마음 졸이며 지내다 보니 건강하던 나도 견디기 힘들었습니다. 다리가 아프고 온몸이 쑤셔 왔습니다. 몸이 지치자 불안이 고개를 들었습니다.

짐을 지고 유모차를

밀며 길을 갈 때 이런 생각이 들곤 했지요.

'언제까지 이렇게 살아야 할까? 평생을 이렇게 살아야 하는 건 아닐까?'

미래가 캄캄한 것처럼 느껴지자 무척 괴로웠습니다. 그럴 땐 얼른 길바닥을 뚫어져라 살펴보았습니다. 우울한 생각을 떨쳐 버리려고 일부러 갈라진 틈이 없나, 튀어나온 곳은 없나 샅샅이 살피며 유모차를 미는 일에 집중했어요. 그러다 보면 어느새 다르륵다르륵 유모차 바퀴 돌아가는 소리가 경쾌하게 들려왔습니다.

'그래, 나는 지금 내 아들 크리스토퍼와 함께 있어. 아들과 함께 있는 곳이 세상에서 가장 행복한 곳이야. 게다가 직장도 있잖아.'

그렇게 회사에서는 일에, 퇴근해서는 크리스토퍼를 열심히 돌보며 걱정과 두려움을 떨쳐 버리려 애썼습니다.

시간이 지나자 수입이 늘면서 50달러에서 100달러까지 적은 돈이나마 저축할 수 있었습니다. 나는 저축한 돈을 절대로 쓰지 않았습니다. 저녁 식사는 늘 1인분만 주문했는데 크리스토퍼가 1인분을 혼자 다 먹을 때는 저금을 조금만 헐어 쓸까 하는 유혹이 일기도 했습니다. 그러나 곧바로 생각을 바꾸었습니다.

'안 돼! 크리스토퍼와 내가 살 방을 마련해야 할 돈이잖아. 우리 집 기둥을 갉아 먹을 정도로 배가 고프지는 않아.'

봄이 되자, 나는 창고로 쓰던 낡은 집을 빌릴 수 있었습니다.

오래도록 아무도 살지 않은 어두컴컴한 집에서는 곰팡내가 진동했습니다. 그러나 나와 크리스토퍼에게는 너무나 멋진 곳이었습니다. 새집에서 첫날 밤을 보내고 아침에 출근 준비를 할 때였습니다. 내가 짐을 챙기지 않자 크리스토퍼가 안절부절못했습니다.

"아빠, 빨리 짐을 싸지 않으면 늦어요."

"이제 짐을 싸지 않아. 우리한테는 집이 있잖아."

그러면서 집 열쇠를 흔들어 보였지만 크리스토퍼는 선뜻 이해하지 못했습니다. 어린 나이에 떠돌아다니며 잠을 잔 탓에 집이 어떤 곳인지 몰랐던 것입니다. 짐을 둔 채 집을 나서려 하자 크리스토퍼는 큰 옷 가방을 가리키며 불안한 목소리로 말했습니다.

"저거라도 가져가요."

마음이 몹시 아팠습니다.

어느 날은 크리스토퍼를 목욕시키는 데 전기가 나갔습니다. 전기세를 내지 못해 끊긴 것이었습니다. 촛불을 켜 놓고 목욕을 시키자니 착잡한 마음이 들더군요. 그때 크리스토퍼가 나를 빤히 바라보며 그러더군요.

"아빠는 참 좋은 아빠예요."

그 말은 어려운 일이 생길 때마다 내게 큰 힘이 되었습니다.

나의 성공 비결

이제 나는 깨끗하고 넓은 집에서 삽니다. 잘 곳을 찾아 기차역 화장실이나 공원, 노숙자 쉼터를 왔다 갔다 하던 일은 옛 이야기가 되었죠. 사람들은 나에게 어떻게 그렇게 빨리 밑바닥에서 그 높은 곳까지 올라갈 수 있었느냐고 묻습니다.

나에게 남다른 비결이 있었다고 생각하지는 않습니다. 나는 다들 아는 평범한 일을 꾸준히 해 나갔을 뿐입니다. 나는 뚜렷한 목표를 세우고 그것을 이루려고 노력했습니다. 딘 위터라는 회사에 들어가서 하루 200통의 전화를 걸겠다고 다짐한 뒤로 하루도 어긴 적이 없습니다. 그런가 하면 집을 얻으려고 모은 돈은 아무리 배고파도 헐어 쓰지 않았습니다. 내가 믿을 것은 나밖에 없었고, 나는 나와 한 약속을 반드시 지켰습니다.

오늘이 없으면 내일도 없습니다.

증권 회사에 발을 디딘 첫날부터 지금까지 나는 '오늘' 성공해야 한다는 생각을 늘 되뇌었습니다. 한동안 느긋하게 지내다가 하루아침에 속도를 높일 수는 없는 노릇입니다. 내가 원하는 일을 찾았을 때 모든 것을 걸고 열심히 할 수 있었던 것은 그때까지 그렇게 해 왔기 때문이었습니다.

몸을 길들여야 합니다. 이따금 자기가 꼭 하고 싶은 일을 찾으면 그때부터 열심히 할 것이라고 말하는 사람을 만납니다. 그러나 막상 일을 찾아 열심히 하려고 해도 그것은 마음뿐, 몸이 잘 따라 주지 않습니다. 길들여지지 않았기 때문이죠.

지금 열심히 하지 않으면 때가 왔을 때 열심히 하기 힘듭니다. 나에게는 아무것도 없었습니다. 내가 가진 거라고는 일하는 데 길들여진 몸뿐이었습니다. 할 일이 있을 때 내 심장은 더욱 힘차게 뛰었습니다.

나는 내 앞의 작은 이익이 아니라 더 큰 것을 생각했습니다. 내가 받을 수수료를 위해서가 아니라 손님의 이익을 위해 일했습니다. 사람들에게 무엇을 사라고 말하기 전에 사람들이 무엇을 사고 싶어 하는지, 그들에게 필요한 것이 무엇인지 알려고 애썼습니다. 그렇게 나보다 손님을 먼저 생각했기 때문에 한번 나와 거래한 사람은 반드시 다음에도 거래를 했습니다.

하루하루 나의 손님은 늘었고, 나와 손님 사이에 다져진 믿음을 바탕으로 차츰 큰 거래를 하게 되었습니다. 엄청난 돈을 맡기고도 사람들은 나에게 이렇게 말했습니다.

"크리스, 당신이 알아서 해 주시오."

이제 나를 가진 것 없고, 아는 것 없는 흑인이라고 꺼리는 사람은 없습니다. 나는 검은 피부의 크리스가 아니라 믿음직한 크리스니까요.

나는 요즘도 새로운 곳에 가면 꼭 시간을 내어 거리를 걷습니다. 예전에 크리스토퍼의 유모차를 밀며 그랬던 것처럼 길바닥을 살피며 걸어 봅니다. 그러면서 지금까지 걸어온 길을 되새겨 보고 그때 내디뎠던 발걸음을 잊지 않으려 합니다.

한 발 한 발 차근차근 걸어온 나는 앞으로도 결코 멈추지 않을 것입니다. 그리고 내가 내 아들 크리스토퍼와 함께 걷는 한 행복도 끝나지 않을 것이라 믿습니다.

긴 시간 동안 제 이야기를 들어 주셔서 정말로 고맙습니다. 괜히 제 자랑만 한 것은 아닌지 모르겠습니다. 여러분에게 조그마한 도움이 되기를 바랄 뿐입니다.

고맙습니다.

가드너에게 배우는 노력의 비법

아저씨는 하루아침에 노숙자가 되었잖아요. 모든 것이 한꺼번에 사라져서 엄청 놀라고 당황하셨지요? 누구나 생각하지 못했던 어려움을 겪을 수 있잖아요. 그런 어려움이 닥쳤을 때는 어떻게 해야 할까요?

어떤 사람도 내일 무슨 일이 일어날지 알 수 없어요. 내일이 아니라 1분 뒤에 일어날 일도 알기 어렵지요. 사람이 살다 보면 적어도 한두 차례는 뜻하지 않은 어려움을 겪게 됩니다. 그럴 때 맨 먼저 생각해야 할 것은 '이겨낼 수 있다'는 자신감입니다.

하늘은 그 사람이 견뎌낼 수 있는 시련만 준다는 말이 있어요. 이겨낼 수 있다, 이겨 내겠다는 의지를 굳힌 뒤 나에게 가장 중요한 것이 무엇인지 생각해 보는 겁니다. 그리고 가장 중요한 것을 먼저 하세요.

나에게는 아들이 소중했고, 아들을 위한 일이라고 생각되는 것을 먼저 했습니다. 어려운 때는 아들에게 해 줄 수 있는 일이 많지 않았습니다. 그렇다고 슬픔에만 빠져 있지는 않았습니다. 목표는 크게 세웠지만 그 목표가 빨리 이루어지지 않는다고 안달하지도 않았습니다. 차근차근 해 나가는 게 가장 빠른 길입니다. 하루, 이틀 꾸준히 하다 보면 어느새 목표했던 정상에 설 수 있었습니다. 천 리 길도 한 걸음부터라는 말을 잊지 마세요.

제 딴에는 열심히 하는데 늘 결과가 좋지 않아요. 왜 그럴까요?

그것 참 큰일이로군요.
열심히 하는데 결과가 좋지 않으니 참으로 답답하겠어요.
하지만 다시 생각해 봅시다. 정말로 열심히 한 것이 맞기는 한가요?
제 생각에 '열심히'라는 말에는 될 때까지 한다는 뜻이 포함되어 있어요.
그러니까 결과가 좋지 않다면 아직 열심히 한 것이 아닌 셈입니다.
이 정도면 열심히 한 게 아닐까, 하는 생각이 들 때 조금만 더 해 보세요.
그러면 좋지 않던 결과가 분명 좋게 바뀔 것입니다. 그건 제가 보증합니다.
안 될 때마다 한 번 더 하는 것을 잊지 마세요. 그게 바로 '열심히'라는 말의
진정한 뜻입니다.

❸ 노력파 과학자의 시간 관리 비법

시간을 만들어 낸 알렉산드르 류비셰프

알렉산드르 류비셰프
(1890~1972)

알렉산드르 류비셰프는 21세기 러시아 과학사를 이끈 대표 과학자입니다. 류비셰프는 여든두 살로 세상을 떠날 때까지 70여 권의 학술 서적을 출판했고, 단행본 100여 권을 만들 수 있는 엄청난 연구 자료를 남겼습니다. 이것은 한 사람이 해냈다고 믿기 어려울 만큼 많은 분량입니다. 더욱이 류비셰프는 예순다섯 살 때까지 대학교와 연구소에서 근무하느라 무척 바빴습니다.

그런데 어떻게 이렇게 일을 많이 할 수 있었을까요?

그 비밀은 바로 시간 관리에 있었습니다. 류비셰프는 시간을 아껴 쓰기로 결심한 뒤 56년 동안 하루도 빠짐없이 시간을 철저하게 관리하고 통계를 냈습니다. 그러자 기적이 일어났습니다. 일 분 일 초를 아껴 쓸데없이 보내는 시간을 줄이자 일할 수 있는 시간이 저절로 늘어난 것입니다.

그렇다고 류비셰프가 일에만 매달려 산 것은 아닙니다. 날마다 7~8시간씩 자고 꼬박꼬박 산책했으며, 일 년 평균 60차례나 공연을 관람했습니다.

친구들도 자주 만나고 편지도 즐겨 썼습니다. 그뿐만 아니라 자기가 쓴 편지를 베껴 놓기도 했습니다. 류비셰프에게도 하루는 24시간이었습니다. 그러나 류비셰프는 남보다 더 많은 시간을 살다 갔습니다. 시간을 관리해서 삶을 마음껏 즐기면서도 몇 사람 몫의 일을 해낼 수 있었던 것입니다.

일생 동안 어김없이 시간 관리로 우리에게 끝없는 가능성을 보여 준 류비셰프. 사람들은 류비셰프를 '시간을 지배한 사나이', '시간을 만들어 낸 과학자'라고 부릅니다.

사기꾼이냐 과학자냐, 진실을 밝혀라

"강탐정, 자네만 믿네. 꼭 좀 부탁하네."

경찰서장은 내 손을 붙들고 말했어. 정말 이상한 일이야. 러시아 경찰서장이 한국 사설탐정인 내 손을 잡으며 부탁한다고 말하다니. 평소에는 내 얼굴만 봐도 인상을 찌푸렸어. 게다가 어쩌다가 일을 맡길 때도 보수를 얼마나 짜게 주었다고. 그러던 서장이 무슨 사건이기에 나를 찾게 되었는지 궁금했어. 그러나 경찰서장의 미끼를 덥석 물어서는 안 되지. 나는 경찰서장을 슬쩍 떠봤어.

"저, 제가 시간이 없어서요. 어떤 사건인지는 모르지만 다른 탐정에게 맡기는 것이……."

"보수는 두 배로 주겠네."

두 배? 경찰서장은 내가 던진 미끼를 덥석 물었어. 어지간히 급했던 모양이야. 내가 고개를 끄덕이자 경찰서장은 안도의 한숨을 내

쉬고는 사건에 대해 설명을 시작했어.

"혹시 알렉산드르 알렉산드로비치 류비셰프라고 들어 보았나?"

"들어 본 것 같기는 해요."

"우리 러시아가 자랑할 만한 뛰어난 과학자일세. 이 과학자가 몇 주 전에 세상을 떠났다네."

"살인 사건인가요?"

"아닐세. 나이가 들어 죽은 거야. 여든두 살이거든. 자네가 알아봐야 할 것은 류비셰프가 죽은 이유가 아니야."

"그렇다면?"

"류비셰프의 연구와 관련된 의문을 푸는 것일세."

이건 도대체 무슨 소리일까. 보통 사건이 아닌 것 같다는 생각이 들었어. 경찰서장의 말을 정리해 보자면, 과학자 류비셰프는 살아 있는 동안 70여 권의 학술 서적을 냈어. 그건 정말 놀랄 만한 일이야. 평생 책 쓰는 일에만 매달려도 70권을 쓰기 힘든데 류비셰프는 날마다 책만 쓴 게 아니었거든. 예순다섯 살까지 대학이나 연구소에서 근무했어. 그러니 책을 쓸 시간이 그리 많지 않았지. 그뿐만 아니라 류비셰프가 쓴 책은 모두 전문 과학 서적이야. 쉽게 쓸 수 있는 책이 아니지. 류비셰프를 '21세기 러시아 과학을 이끈 과학자'로 부른다니 그의 연구가 얼마나 훌륭했는지는 짐작하고도 남겠지?

그런데 뭐가 문제냐고?

아, 글쎄, 류비셰프가 죽고 난 뒤에 그의 집에서 1만 2,500여 장의 논문과 수많은 연구 자료가 발견되었다지 뭐야. 1만 2,500여 장이라면 책을 100권도 더 만들 수 있는 분량이거든. 류비셰프가 살아 있을 때 쓴 책만으로도 입이 떡 벌어질 지경인데 그것보다 더 많은 자료가 발견되었으니 그야말로 놀랄 노 자였지!

"그 많은 것을 혼자 했을 리가 없어. 분명 우리가 모르는 사실이 숨어 있을 거야."

"류비셰프는 사기꾼이었던 게 분명해. 여럿이 한 일을 자기가 혼자 한 것처럼 꾸몄을 거야. 반드시 밝혀내야 해."

사람들은 류비셰프를 의심하고 경찰에 조사를 맡겼어. 엉뚱하지만 일은 그렇게 된 거야.

"우리가 조사해 보았는데 말일세, 발견된 자료가 모두 류비셰프 글씨로 되어 있다는 것 말고는 알아낸 게 없다네. 당장 해결해야 할 사건이 산더미처럼 쌓였는데 류비셰프 일에만 매달릴 수는 없지 않은가. 그런데 고위층에서 무척 관심을 보인단 말이야. 아주 복잡하게 되었어. 자네가 과학 분야 사건에 관심이 많다는 말은 익히 들었네. 러시아 말도 잘하겠다, 또 무엇보다 실력이 뛰어난 탐정 아닌가."

하하, 이렇게까지 칭찬을 하는 데야 거절하기는 어렵지. 경찰서장 말대로 나는 과학과 관련된 일이라면 자다가도 벌떡 일어나거든. 게다가 보수도 많이 준다니 마음이 확 기우는걸. 류비셰프는 정말 자기가 하지 않은 일을 했다고 떠벌린 사기꾼이었을까?

사건의 열쇠를 찾아라

나는 경찰서장에게 받은 자료를 꼼꼼하게 살폈어. 우아, 정말 대단했어. 류비셰프의 집에서 발견된 연구 자료들은 과학뿐만 아니라 철학과 역사, 문학, 윤리학 등 다양한 분야에 걸쳐 있었어. 그러니 사람들이 류비셰프를 사기꾼이라고 의심하는 것도 무리가 아니야. 도저히 한 사람이 할 수 있는 일이 아니니까.

류비셰프는 어떤 사람일까 몹시 궁금해졌어. 나는 수사의 제1원칙을 실행하기로 했어. 뭐냐고? 거창한 이름에 비하면 실은 간단해. 사람들을 만나 보는 거지, 뭐. 나는 류비셰프가 살던 집을 찾아가 이웃들에게 물었어.

"류비셰프는 어떤 사람이었나요? 특별한 점은 없었나요?"

내 물음에 사람들은 한결같이 선뜻 대답하지 못했어. 그 까닭은 류비셰프가 그다지 별난 사람이 아니었기 때문이야. 이웃 사람들의 두서없는 말들을 옮겨 보면 이래.

"특별히 기억나는 일은 없는데…… 그냥 평범한 이웃이었어요."

"산책도 꼬박꼬박 하고요, 영화도 자주 보러 가고, 밤을 새우는 것 같지도 않던데요."

"맞아요, 밤에 불이 켜져 있는 걸 거의 본 적이 없어요. 그런데 그 많은 일을 하다니! 그가 시간을 만들어 냈다면 모를까 도저히 불가능한 일이네요."

"연구소 다닐 때는 출장도 자주 가서 집을 비운 날도 많았어요."

이웃들의 이야기에서는 사건을 해결해 줄 실마리를 찾을 수 없었어. 나는 곧 류비셰프와 가깝게 지내던 사람을 수소문했어. 류비셰프는 친구가 여럿 있었는데 워낙 나이가 많다 보니 살아 있는 친구는 거의 없었어. 어렵게 류비셰프의 친구 한 명을 찾아냈어. 그런데 그 할아버지는 노인 병원에 있지 뭐야. 의사는 할아버지가 정신이 오락가락해서 횡설수설할 거라면서 크게 기대하지 말라고 하더군.

할아버지는 오랫동안 쉴 새 없이 말을 했어. 그 가운데 류비셰프에 관한 이야기를 정리해 보면 이래.

"그 친구, 류비셰프 말이야, 그 친구는 우리랑 다른 시간을 살았어. 아, 다른 시간이 아니라 더 많은 시간을 살았다고 해야 하나? 뭐라고 해야 하나? 아이고, 나이가 들면 이렇다니까. 나는 그 친구보다 두 살이나 아래지만 건강은 내가 더 좋지 않았어. 그런데 그 친구가 먼저 갔군. 우리는 친하게 지냈어. 아주 친했지. 뭐, 따지고 보면 그 친구에게도 다른 사람과 마찬가지로 하루는 24시간이었지. 하지만 우리가 어디 24시간을 사나? 어림도 없지. 편지를 보면 알아. 그 친구는 구두쇠였다니까. 우리 집사람보다도 가계부를 더 꼼꼼하게 썼어. 그리고 연말이면 친구들에게 보여 주었지. 그걸 보면 그 친구가 얼마나 지독한지 알 수 있어."

처음에는 할아버지가 무슨 이야기를 하는지 갈피를 잡을 수가 없었어. 그런데 내가 누구야! 탐정계에 혜성같이 나타난 젊은 탐정, 강 탐정이잖아. 나는 명탐정의 감으로 할아버지의 말에 아주 중요한 열쇠가 숨겨져 있다는 걸 느꼈어. 그래서 할아버지의 말을 자꾸 곱씹어 보았지.

'더 많은 시간을 살다, 구두쇠, 가계부……'

그래, 뭔가 있어. 사건의 열쇠는 언제나 사소한 것, 흘려버리기 쉬운 것에 있기 마련이지. 나와 경찰들이 미처 생각하지 못하고 지나친 것은 무엇일까? 나는 류비셰프의 집에 다시 갔어. 지난번에 보았던 연구 자료도 다시 보고, 책꽂이에 꽂힌 책도 하나하나 둘러보고. 그러다가 이상한 것을 발견했어.

똑같은 공책이 여러 권 있는 거야. 앗, 이쪽에도 또 있잖아! 모두 모아 보니 수십 권이야.

'왜 똑같은 걸 베껴 놓았을까?'

고개를 갸우뚱하는데, 아하! 똑같은 내용이 아니었어. 얼핏 보면 똑같아 보였지만 모두 달랐어.

"일기장이잖아!"

그래, 그날그날의 날짜가 하루도 빠짐없이 적힌 일기장이었어. 일기장도 못 알아보고 무슨 명탐정이냐고? 이유가 있지. 류비셰프의 일기장은 보통 일기장과 달랐어. 목록과 시간이 빼곡하게 적혀 있었어. 이런 식으로 말이야.

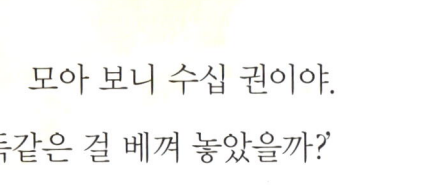

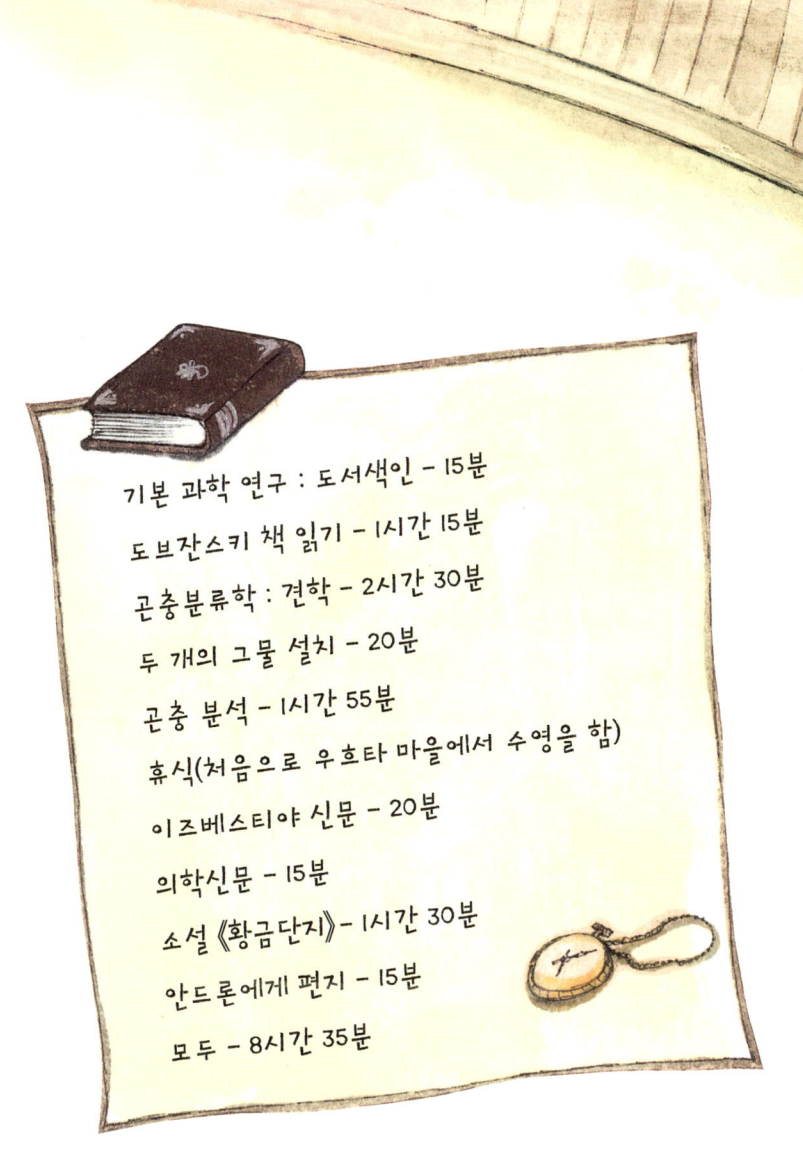

기본 과학 연구 : 도서색인 - 15분
도브잔스키 책 읽기 - 1시간 15분
곤충분류학 : 견학 - 2시간 30분
두 개의 그물 설치 - 20분
곤충 분석 - 1시간 55분
휴식(처음으로 우흐타 마을에서 수영을 함)
이즈베스티야 신문 - 20분
의학신문 - 15분
소설 《황금단지》- 1시간 30분
안드론에게 편지 - 15분
모두 - 8시간 35분

  이런 일기가 계속 반복되니 똑같은 것이라고 생각했던 거야. 뭔지 알 수는 없었지만 사건을 해결해 줄 중요한 열쇠라는 건 분명했어. 나는 일기장을 모두 꺼내 날짜대로 늘어놓고 처음부터 읽어 나갔어.

1916년 1월 1일

새해 첫날이다.

이제 나는 스물여섯 살. 올해부터는 좀 더 짜임새 있게 공부를 해야겠다는 생각에 공부 계획표를 짰다. 내 목표는 훌륭한 생물학자가 되는 것이다. 그래서 생물학 공부 계획을 먼저 짜기 시작했다. 그런데 얼마 못 가서 펜을 내려놓고 한숨을 쉬어야 했다.

읽어야 할 책, 실험을 해 보아야 할 것은 끝없이 많은데 나에게 주어진 시간은 너무 짧다.

과학 연구는 끊임없는 노력과 오랜 시간을 쏟아 부어야 하는 일이다. 먹고 자는 시간, 일하는 시간을 빼고 남은 시간을 모두 연구에 쏟아 붓는다고 해도 연구할 시간이 턱없이 모자랐다.

그렇다고 시작도 안 해 보고 포기할 수는 없다.

나는 중요한 것부터 먼저 하기로 마음먹었다. 우선순위에서 밀려 하지 못하는 일이 많겠지. 그건 어쩔 수 없는 일이다. 시간이 많지 않으니 희생되는 일이 생기는 게 당연하다.

나는 먼저 해야 할 일을 중요한 정도에 따라 나누었다.

가장 중요한 일은 연구와 연구에 직접 관련된 일이었다. 책을 읽거나 편지를 쓰는 일도 연구와 관련된 것이면 첫 번째 부류에 넣었다. 그리고 두 번째로 중요한 일은 공부에 도움이 될 만한 일들이었다.

이렇게 여러 덩어리로 일을 나눈 다음에는 그 일을 하기 위해 필요한 시간을 계산해 보았다.

예상대로 시간이 많이 필요했다. 큰 계획은 오 년에 하나씩 세우고, 그 계획을 실천하기 위한 일 년 계획을 세우고, 다시 한 달 계획, 하루 계획을 차근차근 치밀하게 세웠다.

목표를 이루기 위해서는 시간 관리를 잘해야 했다. 시간 관리를 제대로 못 하면 절대 성공할 수 없는 빠듯한 계획이었다.

나는 새해 첫날인 오늘부터 내가 시간을 어디에 쓰는지 빠짐없이 적기로 결심했다. 시간 관리를 잘하기 위해서는 이 방법밖에 없다.

류비셰프의
시간 관리 방법

오호, 정말 놀라운 일이었어.

류비셰프의 일기장을 읽을수록 내 입은 딱 벌어져 다물어지지 않았어. '시간 관리를 잘해야겠다'라는 생각은 다들 한 번씩 하는 거지. 내가 시간을 어디다 쓰나 궁금하게 여겨서 류비셰프처럼 하나하나 정리해 본 사람도 있을 거야. 한두 번은 말이지.

많은 사람이 한 해의 첫날이나 마지막에 다짐을 하고, 자기 목표를 큼직하게 적어 벽에 붙여 놓잖아. 그러나 그것을 일 년 내내 실천하고 목표를 달성하는 사람은 그리 많지 않아. 그러니까 작심삼일이라는 말이 있는 거지.

그런데 말이지, 류비셰프는 시간을 철저하게 관리해서 훌륭한 생물학자가 되겠다는 계획을 세운 1916년 1월 1일부터 세상을 떠난 1972년 8월까지 무려 56년 동안 하루도 빠짐없이 자신의 계획을 실천에 옮겼지 뭐야.

"정말 독하다, 독해!"

나도 모르게 이런 말이 튀어나왔다니까. 류비셰프는 먹고 자는 시간을 빼고는 십 분, 이십 분 동안 신문을 읽은 것까지 하나도 빠뜨리지 않고 모조리 일기장에 적었어. 그렇게 시간을 적어 나가자 얼마 뒤에는 자신이 어떤 일에 시간을 얼마큼 쓰는지 알게 되었지. 무엇 때문에 시간을 얼마만큼 버리는지, 어떤 일을 하는 데 더 많은 시간이 필요한지 한눈에 훤히 본 거야.

류비셰프는 한 일과 시간을 적는 데 그치지 않고 일의 내용에 따라 시간 통계를 냈어. 그러면서 시간 관리 방법은 틀을 갖추어 갔고 차츰 완벽해졌지.

1965년 8월 한 달 동안의 시간 관리 통계를 보면 류비셰프는 가장 중요한 일에 136시간 45분을 썼어. 여기에는 기초 과학을 연구한 시간, 곤충 분류학을 공부한 시간, 곤충 조직을 연구한 시간, 그리고 그것들을 하기 위해 추가했던 업무 시간이 포함되어 있어.

기초 과학을 연구한 데는 59시간 45분을 썼어. 이 59시간 45분은 수학과 생물학 책과 같은 전문 서적을 읽거나 보고서를 쓰고, 공부에 필요한 편지를 쓰는 일에 들인 시간을 모두 더한 거야. 생물학 관련 책은 12시간 동안 읽었는데 무슨 책을 몇 시간씩 읽었는지도 알 수 있어. 이렇게 한 일과 그 일을 하는 데 든 시간을 낱낱이 기록하고 통계를 냈지.

류비셰프는 왜 이렇게까지 조목조목 시간을 계산했을까?

시간을 제대로 관리하려면 자신의 시간을 자투리 시간까지 모두 완벽하게 알고 있어야 하거든. 조금이라도 흘려 버리는 시간이 있다면 시간을 제대로 관리했다고 할 수 없지. 시간 관리를 시작하고 난 뒤 류비셰프는 더 많은 일을 할 수 있었어.

류비셰프는 해야 할 일은 많고 시간은 모자라서 중요한 순서대로 일을 할 생각이었잖아? 그런데 시간을 관리하고 통계를 내 보니 그동안 어영부영 흘려버린 시간이 생각보다 훨씬 많지 뭐야. 그 시간을 찾아 연구에 쓰고 보니 도저히 할 수 없을 것 같던 일까지 모두 할 수 있었어.

사람들은 흔히 "시간은 눈에 보이지도 손으로 만질 수도 없어. 언제 어떻게 지나갔는지 알 수 없다"라고 해. 그러나 류비셰프에게 시간은 눈에 보이는 물질과 같았어. 절대로 흔적 없이 사라지거나 멋대로 흘러가지 않았어.

류비셰프는 하루 24시간이 어디에 어떻게 쓰이는지 훤히 알 수 있었어.

실천을 위한
　　작은 규칙들

그렇다면 류비셰프는 하루에 얼마나 많이 일했을까? 하루에 7~8시간 일했지.

"에계, 겨우?"라며 못 믿겠다고 고개를 절레절레 흔들어도 할 수 없어. 정말이야.

류비셰프는 일기장에 다음과 같이 적어 놓았어.

어떤 사람이 날마다 14~15시간씩 일한다는 말을 들었다. 정말 그렇게 일하는 걸까? 나는 그렇게 많은 시간을 일한 적이 없다. 지금까지 하루에 가장 많이 일한 기록은 11시간 30분이다. 그런 날은 어쩌다 있을 뿐이다. 나는 보통 하루에 7~8시간 일한다. 그 정도만 연구해도 큰 만족을 느낀다.

내가 가장 많은 시간을 연구에 썼던 달은 1937년 7월이었다. 그때 나는 한 달 동안 316시간을 순수 연구에 몰두했다. 하루에 7시간씩 연구한 셈이다.

류비셰프가 하루에 7시간 연구했다고 하면 그건 일 초도 낭비하지 않고 꽉 채운 7시간을 말해. 류비셰프는 일 분 일 초까지도 정확하게 시간을 계산했으니까. 류비셰프는 시간을 잴 때 휴식 시간이나 잠깐 다른 볼일을 보는 시간은 모두 빼고 계산했어. 오로지 연구 시간만 정확하게 쟀지.

게다가 류비셰프는 일을 시작하면 완전히 몰입했어. 아무에게도, 어떤 것에도 방해 받지 않는 환경을 만들어 놓고 일했어. 그러니 효과가 더 컸지. 류비셰프는 하루 24시간을 일 분 일 초도 소홀히 하지 않았어. 류비셰프에게는 중요하지 않은 시간이 없었어. 밥 먹는 시간이나 책을 읽는 시간이나 똑같이 중요했지. 류비셰프는 모든 시간을 귀하게 여겼고, 귀하게 생각하는 만큼 매우 아껴 썼어. 시간을 좀 더 효율적으로 쓰려고 류비셰프는 몇 가지 규칙을 만들었어.

1. 의무적인 일은 맡지 않는다.
2. 시간에 쫓기는 일은 맡지 않는다.
3. 피로를 느끼면 바로 일을 중단하고 휴식한다.
4. 10시간 정도 충분히 잠을 잔다.
5. 힘든 일과 즐거운 일을 적당히 섞어 한다.

살다 보면 어쩔 수 없이 흘려 버릴 수밖에 없는 자투리 시간이 있기 마련이라고 생각하는 사람이 많아. 그러나 류비셰프에게는 자투리 시간이라는 것이 없었어. 차를 타려고 줄을 서 있는 시간이나 차를 타고 가는 동안에도 류비셰프는 시간을 멍하니 흘려 보내지 않았어.

> 요즘 책 읽을 시간이 없다는 사람들을 자주 만난다. 그런 사람들을 보면 나는 고개를 갸우뚱하게 된다. "정말 책을 읽고 싶습니까?"하고 물어본 적도 있다. 그랬더니 다들 한결같이 "당연하다, 읽어야 할 책이 많고, 책 읽는 걸 좋아하는데 너무 바빠 시간이 나지 않는다"고 대답했다. 그러고는 내내 옆 사람과 시시껄렁한 이야기를 주고받거나 우두커니 앉아 있었다. 왜 그 시간에 책을 읽지 않는 것일까?
> 그런가 하면 버스 정류소에서는 많은 사람이 여기저기를 기웃거리면서 버스를 기다린다. 나는 2~3킬로미터 정도 되는 거리는 버스를 타지 않고 걷는다. 버스가 언제 오나 신경 쓰며 서 있는 것보다 걷는 게 낫다. 어차피 산책도 해야 하니까. 거리가 멀어 버스를 타야 할 때는 책을 읽었다.

 류비셰프는 버스를 탈 때 책을 2~3권 가지고 탔어. 버스에 사람이 많지 않거나 출발하는 곳에서 탈 때는 자리에 앉을 수 있으니 조금

두꺼운 책을 보고, 사람이 많은 버스에서는 서서 읽을 수 있는 가볍고 얇은 책을 읽었어.

그런가 하면 산책을 하면서 곤충 채집을 했어. 쓸데없는 이야기로 시간을 보내는 회의에 어쩔 수 없이 참석할 때는 수학 문제를 풀었고 말이야. 이렇게 그냥 흘려 버리기 쉬운 시간을 제대로 쓰기 위해 류비셰프는 무척 노력했어.

류비셰프가 식물보호연구소에서 일할 때는 출장을 가는 일이 많았는데 출장을 갈 때마다 책을 여러 권 가지고 갔어. 출장이 길 때는 도착할 곳에 미리 책을 보내 놓기도 했지. 여행을 할 때는 외국어를 공부했어. 영어도 자투리 시간에 틈틈이 공부해 익혔어.

류비셰프는 시간을 철저히 관리해서 자기가 책 한 권을 읽는 데 시간이 얼마나 필요한지도 잘 알게 되었어. 예를 들면, 보통 책은 한 시간에 20~30페이지를 읽었어. 수학책은 4~5페이지를 읽을 수 있었고, 어려운 책은 한 시간에 1페이지를 넘기지 못할 때도 있었어.

이렇게 공부할 것과 자신의 능력을 잘 알고 있었기 때문에 계획을 꼼꼼하게 세우고, 큰 무리 없이 계획을 이루었던 거야.
　류비셰프는 연말에 자신의 시간 관리 내용을 통계 내어 계획을 얼마나 잘 지켰는지 확인했어. 그리고 그 결과를 친구들에게 보내 주었어. 자랑을 하기 위해서가 아니라 새로운 각오를 다지기 위해서였지.

시간을 캐낸 류비셰프,
눈부신 삶을 살다

　류비셰프는 다른 사람처럼 더도 덜도 아닌 딱 24시간의 하루를 살았어. 또 매일 규칙적으로 7~8시간을 잤어. 그보다 적게 자면 집중력이 떨어지기 때문에 어김없이 7~8시간을 잤지.

　그러고도 다른 사람들보다 몇 배 많은 일을 할 수 있었던 것은 허투루 버리는 시간이 없기 때문이었어. 류비셰프는 일 분 일 초도 아껴 쓰려고 노력하며, 자기가 하는 일에 집중했어. 류비셰프는 우리가 쓸데없이 흘려 버리는 시간을 제대로 쓰면 얼마나 많은 일을 해낼 수 있는지 분명하게 보여 주었어. 류비셰프의 일기장을 보면 한 사람이 일 년 동안 얼마나 많은 일을 할 수 있는지 알 수 있어. 정말 놀라울 따름이야.

　류비셰프는 천재도 아니고 남보다 뛰어난 재주를 갖지도 않았으며, 좋은 환경에서 살지도 않았어. 다만 시간을 이겨 썼을 뿐이야.

류비셰프는 자신의 삶이 매우 밝고 평화롭다고 말했어. 그러한 만족이 시간 관리를 평생토록 하게 만든 거야.

56년을 하루같이 일 초도 헛되이 보내지 않았던 류비셰프. 나는 류비셰프의 일기장을 들고 경찰서장한테 갔어. 일기장에 빼곡하게 적혀 있는 시간 관리 통계를 보면 류비셰프의 연구 자료들이 순전히 그의 손으로 이룬 것이라고 인정할 수밖에 없었지.

"오호, 류비셰프는 정말 대단한 사람이었군."

일기장을 본 사람들은 다들 혀를 내둘렀어.

"이렇게 사건을 해결해 주어서 정말 고맙네."

"아이고, 이제 시간이 없다는 말은 못하겠는걸요."

경찰서장이 웃으며 고개를 끄덕였어.

"자네도 이번 사건에서 큰 깨달음을 얻은 모양이로군. 그러니 이번 사건의 보수는 전과 똑같이 주겠네."

아니, 뭐라고? 깜짝 놀라 자리에서 일어났지만 이미 경찰서장은 문밖으로 나간 뒤였어. 내가 어쩌자고 보수를 더 준다는 경찰서장의 말을 믿었을까? 계약을 해 둔 것도 아니라서 할 말도 없었어. 안 되겠다. 오늘부터 나도 류비셰프에게 배운 것처럼 매일 매일의 일을 계획하고 기록해야겠어. 다음에 또다시 경찰서장에게 당하지 않기 위해서라도 말이야.

류비세프에게 배우는 노력의 비법

아침에 일어나자마자 학교에 가서 공부하고, 학교 수업이 끝나면 학원에 가고, 집에 돌아와서는 숙제하고, 이렇게 날마다 여기저기 다니며 공부하는 데도 성적은 오르지 않습니다. 왜 그럴까요?

정말 많은 시간 공부하는군요. 그 많은 시간 내내 집중해서 공부하나요? 쉬지 않고 오랫동안 공부에 매달리면 집중력이 떨어집니다. 학교에서 공부할 때에도 수업시간에는 집중하고, 쉬는 시간에는 머리를 식히세요.
나는 머리를 많이 쓴 날은 잠을 푹 잔답니다. 하루 평균 7~8시간 자고, 7~8시간 일을 하지요. 잠이 모자라면 다음 날 일에 집중할 수 없어서 충분히 자는 것을 중요하게 여깁니다.
책을 붙잡고 책상 앞에 앉아 있는 시간이 길다고 공부를 잘하는 것은 아닙니다. 아무리 오랜 시간 공부했다고 해도 능률이 오르지 않으면 아무 소용이 없습니다. 몸과 머리가 피곤하면 능률이 떨어진다는 걸 잊지 마세요. 잘 쉬는 것도 공부하는 것만큼 중요하답니다.

'시간은 금이다', '시간을 아껴 써야 한다' 하는데 '시간은 무엇일까?' 궁금할 때가 있어요. 아저씨는 '시간'에 대해 어떻게 생각하나요?

시간은 보이지도 않고, 만질 수도 없습니다. 시간 관리 통계를 내기 전까지 나에게도 시간은 정말 알 수 없는 것이었습니다. 알 수 없기 때문에 어떻게 다루어야 할지 모르고 쩔쩔맸지요.
"할 일은 많고 시간은 모자라니 이걸 어떻게 하나?"
이러면서 말입니다. 지금도 많은 사람이 예전의 나처럼 시간이 너무 빠르다, 너무 느리다 하면서 원망하거나 두려워합니다.
그러나 시간 관리 통계를 내면서부터 나에게 시간은 눈에 보이고, 손으로 만질 수 있는 물질과 같아졌습니다. 얼마든지 내 마음대로 조절해 쓸 수 있게 되었기 때문입니다.
내 방법을 그대로 따라 하기는 쉽지 않을 겁니다.
자기에게 맞는 시간 관리를 해 보세요. 머지않아 시간이 내 뜻대로 움직여 줄 겁니다.

❹ 노력파 의원의 신분 차별 극복 비법

끈기와 도전 정신으로 《동의보감》을 쓴 허준

허준
(1539~1615)

허준은 조선 시대를 대표하는 이름난 의원입니다.
허준은 양반인 아버지 허륜과 어머니 김씨 사이에서 서자로 태어났습니다.
조선 시대에는 신분 차별이 심해 서자는 높은 벼슬에 오를 수가 없었습니다.
그러나 허준은 꾸준히 노력해 신분의 벽을 뛰어넘었습니다.
어려서부터 책 읽기를 좋아한 허준은 학문의 깊이가 남달랐습니다.
허준이 내의원이 된 것은 서른한 살 때였습니다. 그때까지 허준은 책에서
배운 것을 바탕으로 사람들에게 의술을 베풀면서 경험을 쌓았습니다.
내의원에 들어간 허준은 왕자의 두창을 치료하여 실력을 인정받았습니다.
다른 의원들이 두창은 두창신이 일으키는 병이라 하여 약을 쓰려 하지 않을 때
허준은 약을 써 낫게 했던 것입니다.
임금은 기쁜 마음에 허준에게 높은 벼슬을 내렸습니다. 그러자 양반들이 서자에게
벼슬을 내릴 수 없다며 반대하고 나섰습니다. 벼슬을 바라지도 않던 허준은 그런
일에 아랑곳하지 않고 자신이 맡은 일에만 집중했습니다. 전쟁이 일어나 임금이
피란을 갈 때도, 사람들의 시기로 유배를 당할 때도 허준은 의원으로서 할 일을
먼저 생각하고 흔들림 없이 한 길을 갔습니다. 꾸준히 의학을 연구하고 14년 동안
책을 써 《동의보감》을 완성했습니다.
《동의보감》은 400년이 지난 지금까지도 우리나라뿐 아니라 중국, 일본 등 여러
나라에서 널리 쓰이고 있습니다.

무서운 전염병, 두창

밤늦게까지 수업을 듣느라 몹시 피곤했다. 그렇다고 그냥 잘 수는 없는 일. 뉴질랜드에서 변호사로 일하던 나는 우연히 동양 의학을 알게 되었다.

작년 겨울 동생이 스키를 타다가 발을 삐었다. 동생은 너무 아파 눈물을 글썽였다. 구급차를 불렀지만 워낙 동떨어진 곳이라 언제 구급차가 올지 알 수가 없었다. 바로 그때 머리가 하얗게 센 노인 한 분이 우리에게 다가오셨다. 그 노인은 서투른 영어로 자신을 소개했다.

"나는 한국에서 온 김형일이오. 한국에서는 한의사로 일하고 있지요. 괜찮으시다면 동생 분을 좀 살펴봐도 될까요?"

의사면 의사지 한의사는 또 무엇일까 하는 생각이 들었지만 뾰족한 수가 없었다. 노인은 동생의 발목을 살펴본 뒤 품 안에서 무엇인가를 꺼냈다. 그것을 본 나는 깜짝 놀랐다. 손가락 길이만 한 침이었다. 그것을 발목에 꽂아야 한다는 노인의 설명에 동생은 비명을 질렀다. 나는 노인의 표정을 살펴보았다. 온화한 표정의 노인이 왠지 믿음을 주었다. 내가 고개를 끄덕이자 노인은 동생의 발목에 침을 놓았다. 잠시 후 동생의 발목은 거짓말처럼 나았다. 내가 돈을 내밀자 노인은 손을 저으며 이렇게 말했다.

"감사는 허준에게 하시면 됩니다."

집에 돌아온 나는 컴퓨터로 노인이 말한 '허준'이라는 사람을 찾아보았다. 허준은 살아 있는 사람이 아니었다. 나는 허준이 지금으로부터 몇 백 년 전의 사람이라는 사실을 알게 되었고, 동양 의학에서는 신과 같은 사람이라는 사실도 알게 되었다. 그 뒤로 일을 할 때마다 노인의 온화한 표정이 좀처럼 잊혀지지 않았다. 변호사 일은 아무래도 내 적성에 맞지 않는다고 느끼던 때라 노인과 만난 일은 어쩌면 내 인생의 진로를 바꾸라는 계시일 수도 있다는 생각이 들었다. 며칠을 고민하던 나는 미련 없이 한국행 비행기에 올랐다. 허준의 후예가 되기 위해서 말이다.

한의학 공부를 시작하고 얼마 뒤 같이 공부하는 한국인 친구가 권해서 옛 책을 한 권 보았다. 거기에는 이런 글이 쓰여 있었다.

손자의 몸에 미지근한 열이 나더니 무척 피곤해했다.

그러길 10일째, 갑자기 몸을 움츠리며 뒤틀기도 하고 11일째는 팔뚝과 얼굴에 붉은 점이 보였다. 붉은 점은 곧바로 여기저기 돋아났다.

붉은 점은 색깔이 선명하며 드물지도 않고 촘촘하지도 않았다.

밤낮으로 간호하느라 옆에 붙어 있자니 어느새 16일쯤 지났다.

열이 불덩이 같고 온몸에 난 물집은 곪았다.

눕혀 놔도 아파하고 안아 줘도 아파하는데 도울 방법이 없다.

머리와 발이 바닥에 닿는 것을 싫어하고 몸을 들추면 구부러진 나무 같다.

너무 아프다고, 제발 낫게 해 달라며 울음을 그치지 않으니 애간장이 끊어진다.

예전에 어머니가 그러셨다.

"네가 마마를 앓는데 흉하고 위험한 고비가 한 달 남짓 계속 되었단다.

그때는 내가 대신 아팠으면 하는 마음이 간절했지.

죽을 고비를 넘기고 살아났을 때는 어찌나 좋던지……."

그러고는 목이 메어 말씀을 잇지 못하셨는데 이제야 그 마음을 알겠다.

오래전, 정확히 말하자면 1556년에 어느 할아버지가 쓴 일기다.

이 할아버지는 멀리 떠나 있는 아들을 대신해 손자를 키우고 있었다. 그런데 손자가 그만 두창에 걸린 것이다. 두창이 어떤 병인가 찾아보았더니 바로 천연두였다.

할아버지가 두창을 앓는 손자를 보살피며 적은 일기를 읽자니 코끝이 찡하면서 어머니 생각이 났다. 지금도 어머니는 변호사라는 멀쩡한 직업을 버린 채 다른 나라에 와 있는 나를 몹시 걱정하고 계시겠지?

친구 덕분에 읽은 할아버지의 일기는 조선 시대의 병들을 살펴볼 수 있는 책이었다. 나는 10쪽 가량을 더 읽은 뒤 책을 덮었다.

천연두 바이러스가 일으키는 전염병인 두창에 걸리면 열이 높이 오르면서 온몸에 종기가 잔뜩 돋아나고 종기에서 고름이 흐른다.

두창을 앓는 사람 10명 가운데 3~4명은 목숨을 잃는다니 정말 무서운 병이었을 것이다. 겨우 목숨을 건진 사람도 눈이 멀거나 종기가 난 자리의 흉터 때문에 평생 얽은 몸으로 살아야 했다고 한다. 그런데도 조선 시대 사람들은 두창에 걸렸을 때 치료약을 쓰지 않았다.

두창은 두창신이 일으키는 병이라고 생각했기 때문이다. 약을 쓰면 두창신이 화가 나서 두창이 낫기는커녕 더욱 고통을 받고, 끝내는 목숨을 잃게 된다고 여긴 것이다. 그래서 치료하려고 애쓰는 대신 두창신이 싫어하는 일을 하지 않는 데만 힘을 쏟았던 거다.

조선 시대 사람들은 두창신이 제사 지내는 걸 싫어하고, 초상집에 가는 것도 싫어하고, 기름 냄새·꿀 냄새·비린내·노린내·더러운 냄새 따위를 싫어한다고 여겼다. 그래서 두창에 걸린 환자가 있는 집에서는 이런 걸 애써 피하고 환자에게 죽만 끓여 먹이며 두창이 낫기를 기다렸다.

하지만 허준은 달랐다. 두창을 약으로 치료할 수 있다고 굳게 믿었다.

허준, 두창신과 싸우다

1590년, 왕자가 두창에 걸렸다.

"왕자가 저리 괴로워하는데 다들 무엇 하는 것이냐?"

임금이 내의원들에게 호통을 쳤다.

조선 시대 궁궐에서는 의사들을 '내의원'이라 불렀다. 내의원 가운데 임금을 보살피는 의원을 '어의'라고 하고, 어의 가운데 가장 높은 사람을 '수의'라고 했다.

임금의 호통에 내의원들은 모두 고개를 숙인 채 아무 말도 못 했다. 그도 그럴 것이 두창에는 약을 쓰면 안 되는데 임금이 가만히 있는다고 나무라니 말이다.

내의원들이 꿀 먹은 벙어리처럼 입을 다문 채 주저하며 서 있기만 하자 임금이 버럭 화를 냈다.

"당장 약을 찾아 왕자를 치료하도록 해라."

임금은 왕자 하나를 두창으로 잃은 적이 있다. 그때도 약을 쓰지 않고 가만히 앉아 낫기만 기다리다가 저세상으로 떠나보내고 말았던 것이다. 임금은 또다시 그렇게 맥없이 왕자를 보낼 수 없었다. 이번에는 어떻게 해서든 왕자를 살리고 싶었다.

약을 써서 두창을 치료하라는 임금의 명령에 내의원들은 쩔쩔맸다. 이때 허준이 나섰다.

"제가 치료해 보겠습니다."

허준의 말에 내의원들은 놀라서 저마다 한마디씩 했다.

"도대체 무슨 약을 쓰겠다는 건가?"

"두창신을 화나게 해서 좋을 것 없네."

"괜히 나서서 자네 목숨까지 잃으면 어쩌려고 그러나?"

두창은 전염병이라 환자를 가까이 하면 병이 옮을 수 있었다. 그뿐만 아니라 왕자를 치료하겠다고 나섰다가 왕자가 잘못되기라도 하면 큰 벌을 받게 된다. 허준이 자기 몸을 사리는 사람이었다면 이럴 때 절대 나서지 않았을 것이다.

이때 허준은 나이가 쉰두 살이었지만 어의도 아니었고, 왕자의 건강을 책임져야 할 자리에 있지도 않았다. 그런데 굳이 나선 까닭은 무엇일까? 고통 받는 환자를 먼저 생각했기 때문이다. 환자가 죽음을 눈앞에 두고 괴로워하는데 의원으로서 아무것도 하지 않고 바라만 볼 수는 없었던 거다.

 무엇보다도 허준은 다른 사람들이 믿는 것처럼 '두창은 두창신이 일으키는 병'이라고 생각하지 않았다. 그래서 치료약이 있을 거라고 믿었다.

 '병이 있으면 반드시 치료법이 있다.'

 허준은 그때까지 읽은 수많은 책 가운데에서 가장 믿을 만한 처방을 골라 보았다.

 '그래, 저미고와 용뇌고자. 이게 좋겠어.'

 저미고란 작은 돼지의 꼬리 끝을 찔러 피를 낸 뒤 용뇌수(녹나무)에서 뽑아낸 약재인 용뇌에 섞어서 팥알만큼 잘라 만든 것이라고 한다. 돼지 꼬리는 잠시도 쉴 새 없이 움직인다. 이렇게 가만히 있지 않는 성질을 약으로 쓰는 것이 저미고이다. 그런가 하면 용뇌고자는 용뇌를 돼지 염통 피로 반죽한 다음에 콩알만 하게 만든 것이다. 용뇌는 진물이 흐를 때 피부를 건조하게 만들어 주는 약재로 약한 술에 타서 먹인다고 한다.

 한의학은 참 신비롭다. 저미고만 봐도 그렇다. 으레 약이라면 "돼지 꼬리에 어떤 성분이 들어 있어 그것이 어떠어떠한 역할을 하기 때문에 두창을 치료한다." 하는 식의 설명이 붙기 마련이다. 그런데 허준이 두창 치료를 위해 쓴 저미고는 "돼지 꼬리는 쉴 새 없이 움

직이니 그것을 약으로 쓰면 환자가 기운을 차리고 병을 이겨 낼 것이다."라고 하지 않는가.

이런 이유로 한의학을 과학적이지 못하다고 생각하는 사람도 많다. 나도 한의학을 처음 알았을 때는 어처구니없는 일이라 생각하기도 했다. 그러나 지금은 그렇지 않다. 많은 사람이 과학을 믿고 따르지만 과학으로 설명할 수 없는 것들, 과학이 밝혀내지 못한 것들이 얼마나 많은가. 알면 알수록 신비로운 것이 사람이요 자연인데, 한의학은 자연의 신비를, 숨겨진 비밀을 알고 있는 거 같다.

허준은 두창을 앓고 있는 왕자에게 저미고와 용뇌고자를 먹였다. 약을 한 차례 먹였을 때는 차도가 없었다.

"그럼 그렇지. 두창을 약으로 고치려 하다니, 어리석긴!"

"더 큰일 나기 전에 이쯤에서 그만두는 게 좋을걸."

사람들은 기다렸다는 듯이 수군거렸다. 그러나 허준은 사람들의 말에 귀 기울이지 않고 때를 맞추어 약을 세 차례 먹였다. 비로소 효과가 나타났다. 왕자는 정신을 차리고 사람을 알아보더니 며칠 뒤에는 완전히 나았다.

내의원들은 얼마나 놀랐을까? 임금이 기뻐한 것은 말할 것도 없었다. 임금은 허준에게 당상관의 벼슬을 내렸다. 그러자 벼슬아치들이 절대 안 된다고 들고일어났다. 허준이 서자였기 때문이다. 허준이 살던 조선 시대에는 신분 차별이 심했다. 양반은 아내를 여럿 둘 수 있었는데 첫 번째 아내가 낳은 자식은 적자, 나머지 아내가 낳은 자식은 서자라고 부르며 크게 차별했다. 서자는 아버지가 양반이어도 높은 벼슬에 오를 수 없었다.

허준이 왕자의 두창을 치료하고 상으로 받은 당상관 벼슬은 서자로는 얻을 수 없는 높은 벼슬이었다. 그러니 신분의 질서를 중요하게 여기는 사람들이 있을 수 없는 일이라고 반대한 것이다.

임금은 거센 반대를 물리치며 딱 부러지게 말했다.

"허준이 아니었으면 누가 왕자를 살렸겠느냐? 살아날 희망이 없던 왕자를 살렸는데 어찌 그 공을 인정하지 말란 말이냐!"

하나만 생각하고
생각한 대로 가다

 허준은 벼슬을 얻으려고 왕자의 두창을 치료한 것이 아니었다. 허준이 자기의 이익을 생각하는 사람이었다면 임진왜란이 터졌을 때 임금의 피란길에 따라나서지 않았을 것이다.

 임진왜란 때 임금이 쳐들어오는 일본군을 피해 피란을 떠나자 나라가 곧 망할 거라는 둥 별별 소문이 다 퍼졌다. 그러자 임금을 모셔야 할 신하들도 자기 살 궁리를 하여 슬금슬금 도망쳐 버렸다.

 집에 병든 부모가 계셔 따르지 못하겠다는 핑계를 대는 사람이 있는가 하면 군사를 모아 오겠다는 핑계를 대고 사라진 사람도 있었다. 온다 간다 말도 없이 사라진 사람도 있고, 따르는 척하며 뒤에 처져 있다가 슬그머니 도망간 사람도 있었다. 이러다 보니 나중에 남은 사람은 문관과 무관을 합쳐 17명, 내관과 시종 10여 명에 내의원은 단 둘뿐이었다.

처음부터 임금 곁을 떠나지 않고 지킨 내의원 2명 가운데 한 사람이 바로 허준이다. 허준에게도 가족이 있었고, 한 집안의 가장으로서 식구들을 보살펴야 하는 책임이 있었다. 그러나 허준은 자기가 맡은 일을 먼저 생각했다. 어의로서 임금을 보살피는 것이 우선으로 할 일이라고 여겼다.

허준은 그런 사람이었다. 의원으로서 자신이 해야 할 일이 무엇인지 올곧게 판단하고 바른길을 갔다.

피란 갔다가 무사히 돌아온 허준은 다시 한 번 왕자의 중병을 고쳤다. 그리고 그 일로 동반에 오르는 상을 받았다. 동반이란 양반 가운데 하나인 문관을 뜻한다. 허준은 서자라는 그늘에서 완전히 벗어나 당당한 양반이 되었다. 허준의 나이 쉰여덟 살, 내의원에 들어온 지 27년 만의 일이었다.

"조상님, 제가 제 힘으로 양반이 되었습니다."

허준은 조상의 산소를 찾아가 절을 올리며 감격해했다. 벼슬을 바라고 한 일은 아니었지만 평생 한 길만 꾸준히 걸어온 대가로 신분의 굴레를 벗어던졌으니 얼마나 기뻤겠는가.

허준은 어려서부터 책을 좋아해 즐겨 읽었다고 알려졌다. 그렇다고 남들보다 머리가 뛰어난 것은 아니다. 훌륭한 스승에게 의학을 배운 것도 아니었다. 허준은 의학책을 보며 혼자 공부했다. 그러다 보니 허준이 왕자의 두창을 고칠 때쯤 의학자로서는 어느 정도 인정을 받았지만 의원으로서는 그다지 눈에 띄지 않았다.

의관이 되려면 전의감이나 혜민서에서 하는 교육을 받거나 혼자 공부하여 의과 시험을 보아야 했다. 그 방법이 아니면 누군가의 추천으로 들어가야 했다. 허준의 능력을 인정한 한 사람이 추천해 준 덕분에 허준은 내의원에 들어갔다. 그때 나이가 서른하나였다. 의학에 뜻을 두고 혼자 공부하느라 남들보다 더뎠던 것이다.

왕자의 두창을 고치고, 임금의 피란길을 따라갔다 온 뒤에 허준은 임금에게 큰 신뢰를 받았다. 임금은 허준을 책임자로 임명하고 뛰어난 의원들을 모아 의학책을 만들도록 명했다.

"전쟁으로 의학책들을 많이 잃었소. 이참에 우리에게 맞는 의학책을 만들어 병으로 고통 받는 백성들의 아픔을 줄여 주오."

그런데 책 꼴을 갖추기도 전에 다시 전쟁이 일어나고 말았다. 의원들은 뿔뿔이 흩어지고 허준 혼자 남게 되었다.

"어렵겠지만 혼자서라도 일을 마쳐 주오."

임금이 허준에게 명했다.

이때 임금은 큰 전쟁을 두 차례나 치르느라 시름시름 앓고 있었다. 수의로서 임금의 건강을 보살펴야 하는 허준은 한시도 마음을 놓을 수가 없었다. 임금의 병세는 좀 낫는가 하면 다시 나빠졌다. 그렇게 몇 차례 되풀이하던 임금은 끝내 세상을 뜨고 말았다.

"허준이 약을 잘못 썼기 때문이야."

"허준을 가만두어서는 안 된다!"

그동안 허준을 못마땅하게 여기던 사람들은 임금의 죽음을 모두 허준의 탓으로 돌리며 몰아붙였다. 그러나 임금의 뒤를 이은 광해군은 허준을 선뜻 벌할 수 없었다. 자신을 두창과 중병에서 살려 준 사람이 바로 허준이기 때문이었다.

"허준의 의술로도 어찌할 수 없는 일이었다는 것을 다들 잘 알지 않소."

광해군은 벼슬아치들을 설득하려 애썼다. 그러나 그럴수록 허준을 벌해야 한다는 목소리는 더욱 높아졌다. 끝내 허준은 의주로 유배를 가게 되었다.

유배지에서
의학책을 쓰다

허준의 나이 예순아홉.

온갖 정성을 다해 모신 임금, 자신을 믿어 준 임금을 잃고 몸은 늙었다. 의학책을 만들라고 명했던 임금은 없고, 궁궐에서는 멀리 쫓겨났다.

"에구, 쯧쯧. 딱하게 됐네. 아니, 평생 제 식구들도 뒤로하고 병든 사람 온갖 궂은 뒷바라지만 하더니……."

"아, 그러게. 할 만큼 했으니 이제 편히 쉬면 되겠구먼."

사람들 말대로 머리가 하얗게 센 허준은 모든 것을 잊고 남은 삶은 조용히 살 수 있었다. 그러나 허준은 그러지 않았다.

"이것은 다 하늘의 뜻이다. 그동안 너무 바빠 책을 많이 못 썼는데 이제 온전히 책 쓰는 일에 열중할 수 있겠구나. 참으로 다행이다."

허준은 처음 시작하는 마음으로 책을 써 나갔다.

'모름지기 의학책은 병이 왜 생겼는지, 어떻게 진행되는지, 고칠 수 있는지 없는지, 어떤 치료법을 써야 하는지 한눈에 훤히 알 수 있어야 한다. 그러기 위해서는 책의 체계가 바로 서야 한다.'

허준은 환자나 의원들이 책을 찾아보기 쉽게 체계를 잡으려 애썼다. 쉬운 일이 아니었다. 병과 증세만 수백 수천 가지에, 약재와 처방도 수천, 수만 가지에 이르렀으니 말이다. 또 병을 알아내기 위해 묻고, 듣고, 보고, 맥을 잡는 방법이나 침을 놓는 방법도 수십 수백 가지다. 여기에 참고해야 할 책이 수백 종, 수천 권이었다.

허준은 늘 그래 왔듯이 조급해하지 않았다. 그날그날 최선을 다하며 더디 가도 멈추지 않고 꾸준히 하는 데만 몰두했다.

'하루가 쌓여 일주일이 되고, 일주일이 쌓여 한 달이, 한 달이 쌓여 일 년이 되는 것이다. 일 년이 긴 것 같지만 하루가 모여 된 것이고, 일이 많다 하지만 하나씩 해 나가면 언젠가는 끝이 있게 마련이다.'

허준은 모든 것이 모자라고 불편한 유배지에서 오로지 의학책 쓰는 일에만 매달렸다. 허준은 책을 쓰는 내내 많이 배우지 못한 사람, 가난한 백성을 마음에 두었다.

양반들은 책을 통해 어느 정도 의학 지식을 갖추고 있었다. 병에 걸리면 의원을 불러 치료를 받을 수 있었다. 그러나 가난한 사람들은 책을 읽기도, 의원을 부르기도 어려웠다.

'병을 잘 치료하는 것도 중요하지만 무엇보다 병에 걸리지 않게 하는 예방이 중요한데…….'

허준은 병에 걸리지 않게 하는 예방법을 비롯해, 병에 걸렸을 때 주변에서 쉽게 구할 수 있는 약으로 치료하는 방법을 찾아 꼼꼼하게 정리했다. 어떤 약을 쓸 것인가 하는 것뿐만 아니라 얼마만큼 쓰느냐도 매우 중요했다.

아무리 약값이 싸도 많이 먹어야 하면 가난한 사람은 손쉽게 쓸 수 없기 때문이다. 예를 들어 약 한 첩에 1,000원인데 그걸 열 번 먹어야 낫는다면 약값으로 1만 원이 있어야 한다.

약의 분량은 책마다 서로 다르게 적혀 있었다. 어느 책은 너무 많고, 어느 책은 터무니없이 적었다. 많으면 돈이 많이 들고, 적으면 효과가 줄었다.

허준이 약의 분량을 정해야 했다. 처방에 따라 작용이 다르니 그때그때 알맞게 헤아려 양을 결정해야 하는 것이다. 약효가 제대로 나타나는 가장 적은 분량을 결정하기는 쉬운 일이 아니었다. 약물학을 깊이 공부해 잘 알아야 할 뿐만 아니라 환자들에게 직접 약을 먹이고 그 경과를 지켜보는 경험도 많아야 했다.

평생을 의학 공부에 바치고, 수많은 환자를 치료해 온 허준에게도 만만한 일이 아니었다. 허준은 잘 알고 있는 약을 중심으로 의학책을 써 나갔다.

 약의 성질이 비슷하면 조선에서 나는 약을 먼저 쓰고, 약 이름을 쓸 때는 그것이 중국에서 나는지, 조선에서 나는지 반드시 밝혔다. 조선에서 나는 것이라면 조선에서 쓰는 이름과 어디에서 언제 구할 수 있는지, 어떻게 만드는지 자세하게 써 놓았다.

이렇게 노력한 끝에 무려 2,000여 가지의 병에 쓰는 1,400종의 약물과 4,000여 가지 처방을 비롯해 수백 가지 양생법(건강하게 오래 사는 법)과 침구법(침과 뜸으로 병을 고치는 의술)을 정리한 책을 완성했다.

은근과 끈기로
《동의보감》을 완성하다

　광해군은 허준을 유배 보낸 뒤 풀어 주려 애썼다. 그리하여 허준은 유배를 떠난 지 일 년 만에 궁궐로 돌아올 수 있었다. 이때 허준의 손에는 유배지에서 마무리한 책이 들려 있었다. 《동의보감》 25권이었다.

　《동의보감》이란 '동쪽 지역의 의학 전통을 계승한 책'이라는 뜻이다. 중국 의학과 어깨를 나란히 한다는 자신감이 배어 있는 이름이다. 실제로 《동의보감》은 중국에서도 많이 보았다.

　허준은 궁궐로 돌아온 뒤에도 쉬지 않고 그동안의 경험을 바탕으로 전염병에 관한 책을 쓰면서 의학에 뜻을 둔 젊은이들을 가르쳤다. 허준은 그야말로 꾸준한 사람이었다. 내의원에 들어간 뒤 10여 년이 지났을 때 그가 쓴 책은 겨우 하나였다. 그 뒤 다시 10년이 지나, 그러니까 내의원에 들어간 지 28년이 되어서야 《동의보감》을 쓰기 시작했다. 《동의보감》을 쓰면서 전쟁을 겪고, 임금을 떠나보내고, 귀양살이를 했다. 파란만장한 14년을 하루같이 열심히 살아 세상에 내놓은 결과물이 《동의보감》이다.

내의원에 들어온 때부터 40여 년 동안 허준의 학문 세계는 더욱 깊어졌다. 허준은 평생 한의학이라는 한 길을 걸으면서 늘 열심이었다. '절차탁마'라는 말이 있다. 옥이나 돌 따위를 갈고 닦아 빛을 낸다는 뜻으로 학문이나 덕행을 배우고 닦을 때 쓰는 말이다. 허준의 삶에 꼭 들어맞는 말이다.

내 나이 이제 서른이다. 같이 공부하는 학생들과 견주면 많은 편이지만, 허준도 내 나이 때는 풋내기였다는 사실에 위안을 얻는다.

외국인이라서 겪는 어려움도 무척 많다. 그럴 때마다 나는 《동의보감》을 펼쳐 보고 지칠 줄 모르고 쏟은 허준의 노력에 크나큰 감명을 받는다.

동생의 얼굴이 떠오른다. 내가 허준을 공부하려고 한국에 간다고 했을 때 모두 반대했다. 그러나 동생은 처음부터 끝까지 내 편을 들어 주었다. 동생아, 조금만 기다리렴. 뉴질랜드의 허준이 되어서 고국으로 돌아갈 테니 말이다. 자리에 눕기 전 허준의 생애를 요약한 사자성어를 한 번 더 머리에 담아 둔다.

절차탁마. 나는 비로소 눈을 감고 잠을 청한다.

허준에게 배우는 노력의 비법

저는 학교에서 선생님이나 친구들을 잘 도와준답니다. 그래서 선생님께 칭찬을 많이 들어요. 그런데 몇몇 친구들은 잘 보이려고 착한 척한다며 놀려요.
그럴 땐 어떻게 해야 하나요?

정말 속상하겠군요. 다른 사람이 나의 진심을 몰라줄 때는 몹시 힘들죠.
나도 사람들한테 시기를 많이 받았어요. 벼슬을 얻기 위해 한 일이 아닌데,
그저 환자의 고통을 덜어 주려고 의원으로서 마땅히 해야 할 일을
했는데 사람들은 나를 미워하고 내가 하는 일을 방해하기도 했어요.
그럴 때마다 나는 아무 반응을 보이지 않고 그저 내가 옳다고 생각하는 일을
했답니다. 나를 시기하는 사람들에게 왜 나를 못 살게 구느냐고 따지고 싶은
마음이 들기도 했지만, 그런다고 나아질 것은 하나도 없었거든요.
그러느라 마음 상하고, 시간 버리는 것이 더 손해라고 생각합니다.
사람들에게 칭찬을 받으려고, 나를 알아주기 원해서 좋은 일을 하는 것이
아니지요? 그것이 옳다고 생각하고, 그렇게 해야 내 마음이 편하니까
하는 거죠. 그러니 다른 사람들의 이야기에 흔들릴 거 없습니다. 남이 뭐라고
하든 당당하게 하세요. 그게 용기예요. 좋은 일을 할 때는 노력과
함께 용기도 꼭 필요하답니다.

우리 엄마는 만날 엄마 친구 아들과 비교해요. 나도 열심히 하는데 말이에요. 엄마 친구 아들은 공부를 하도 열심히 해서 코피가 났대요. 나는 지금까지 한 번도 코피가 난 적이 없어요. 도대체 얼마나 노력해야 하나요?

정말 어려운 문제네요. 코피나 시험 성적을 기준으로 노력을 했다, 안 했다 판단할 수는 없습니다. 어떤 사람은 시험공부를 조금 하고도 좋은 성적을 얻고, 어떤 사람은 죽어라 공부했는데도 성적이 좋지 않기도 하죠. 그런가 하면 노력한 효과가 빨리 나오는 일도 있고 늦게 나오는 일도 있습니다. 노력파들은 '이 정도면 됐어.' 하는 경우가 드뭅니다. 언제나 하고 또 하고 끊임없이 한답니다. 그러면서도 남과 비교하지 않습니다. 노력파들에게 경쟁 상대가 있다면 그것은 바로 자기 자신입니다.
다른 누구도 나보다 나를 잘 알 수는 없습니다. 스스로 생각할 때 최선을 다했는지 돌아보는 것이 중요합니다. 시키니까 어쩔 수 없이 하거나 놀기 위해 대충 했다면 시간을 많이 투자했다고 하더라도 노력했다고 볼 수는 없습니다. 항상 자신에게 얼마나 노력했는지 물어보세요.

❺ 노력파 화가의 장애 극복 비법

입과 발로 그림을 그리는 앨리슨 래퍼

앨리슨 래퍼
(1965~)

앨리슨 래퍼는 영국의 화가이자 사진작가입니다.
1965년 4월 7일, 앨리슨이 태어났을 때 의사와 간호사들은 너무 놀라 어쩔 줄 몰랐습니다. "괴물이야, 괴물." 하고 수군거리며 앨리슨 엄마에게 아이를 보여 주지 않았습니다. 팔과 다리가 없이 몸뚱이만 있는 아이를 보고 산모가 충격을 받을까 봐 걱정한 것입니다. 그러다 앨리슨을 보여 주며 한 말은 "며칠 살지 못할 겁니다"였습니다. 앨리슨은 곧바로 장애인 시설로 보내져 네 살이 될 때까지 엄마를 모르고 살았습니다.

마음씨 고운 어느 부부가 앨리슨을 입양하려 할 때, 그제야 엄마가 나타나 앨리슨의 입양을 반대했습니다. 그러고는 따뜻하게 대해 주지도 않았습니다. 앨리슨은 엄마와 장애인 시설 선생님들의 무시 속에서 어린 시절을 보냈습니다.

앨리슨이 넘어야 할 벽은 신체의 장애만이 아니었던 것입니다. 장애보다 더 넘기 힘든 벽은 장애인에 대한 편견이었습니다. 그러나 앨리슨은 있는 힘껏 편견에 맞섰습니다.

'권투 선수가 KO패 당하는 것은 강한 주먹을 맞고 쓰러졌기 때문이 아니라 일어서지 않았기 때문'이라고 합니다. 앨리슨은 수없이 상처를 받고 넘어졌지만 곧바로 일어섰습니다. 입으로 그림을 그리고 사진을 찍으면서 활발하게 예술 활동을 펼치는 앨리슨 래퍼. 앨리슨 래퍼는 2005년에 세계 여성상을 받았으며, 예술 발전에 이바지한 공로로 영국 여왕한테 훈장을 받기도 했습니다. 이제 세계 사람들은 앨리슨 래퍼를 살아 있는 비너스라 부르며 그의 굳센 정신을 높이 사고 있습니다.

팔다리가 없는
니키에게

사랑하는 니키에게

니키야, 축하 편지 잘 받았다. 고마워.

신문에서 내 소식을 보았다고?

내가 먼저 알려 주었어야 하는데 믿어지지 않아서 선뜻 연락을 못 했단다.

영국 왕실에서 보낸 초대장에 '구족화가 앨리슨 래퍼'라는 내 이름이 또렷이 찍혀 있었어. 구족화가는 입과 발로 그림을 그리는 화가를 뜻해. 왕실 사람은 '예술에 기여한 공로로 국민훈장을 받게 된다'고 설명을 했지만, 내가 훈장을 받다니! 꿈에도 생각해 보지 않은 일이라서 뭔가 실수가 있는 것은 아닐까 싶은 마음에 무척 조심스러웠어.

지난 5월 3일, 여왕이 보낸 자동차가 나를 태우러 집 앞에 왔을 때에야 비로소 실감이 나더라.

'아! 내가, 팔도 다리도 없는 이 앨리슨 래퍼가 정말 훈장을 받는구나!'

가슴이 얼마나 쿵쿵 뛰던지…….

차에 탄 뒤에도 한동안은 즐거운 마음에 엉덩이가 들썩거려 가만히 앉아 있을 수 없을 지경이었단다. 그러나 이내 지난 시간들이 떠오르면서 코끝이 찡해지고 목이 메어 오더구나. 집에서 궁까지 세 시간 넘게 걸리는 먼 길을 가는 동안 나는 솟아오르는 눈물을 참느라 무척 애를 먹었단다.

장애인 시설에서의 생활이 떠올랐을 때는 네 아빠가 나를 찾아온 날도 생각났지.

열네 살 때였어. 영어 수업을 하고 있는데 사무실 직원이 나를 불러내더라. 내가 만나야 할 사람이 있다면서 말이야. 수업을 빼먹게 되는 것이 좋아서 얼른 따라나섰지. 사무실에 들어서니 양복을 말끔하게 차려입은 한 아저씨가 있더구나. 아저씨는 어느 신문에서 내 이야기를 보고 찾아왔다면서 차분한 목소리로 말을 건네셨어.

"네가 앨리슨이구나? 나는 마이크라고 해. 남아프리카 공화국에 살지. 앨리슨, 아내가 다섯 달 전에 딸을 낳았는데 너처럼 두 팔이 없고, 다리가 짧은 해표지증 장애가 있단다."

그러고는 조금 뜸을 들이더니 이렇게 물으시더라.

"앨리슨, 내 딸 니키가 제 앞가림을 하고 살 수 있으려면 우리 부부가 어떻게 해 주어야 하니?"

그 말에 나는 숨이 탁 막혔단다.

'장애인으로 태어난 딸을 잘 키우려고 남아프리카 공화국에서 영국까지 온 아빠가 있다!'

그럴 수도 있다니……. 나는 아무 말도 못하고 아저씨를 뚫어져라 바라보았지.

'정말 나처럼 생긴 딸을 둔 아빠일까? 아닐 거야. 그럴 리가 없어!'

나로서는 그렇게 생각할 수밖에 없었단다. 나는 태어나자마자 엄마한테 버림받아 14년째 장애인 시설에서 살고 있었으니까. 또 내가 있는 시설만 하더라도 장애 때문에 부모와 떨어져 사는 아이들이 250명이나 되었으니 장애인으로 태어나면 다 그렇게 살아야 하는 줄 알았거든.

"시설에서 다 보살펴 주는데 왜 시설에 보내지 않으세요?"

내 물음에 아저씨는 잠깐 어리둥절해하시더구나.

"음, 앨리슨, 나와 아내는 처음 니키를 보고 많이 놀랐단다. 하지만 한 번도 시설에 보낼 생각은 하지 않았어. 니키는 우리 딸이고,

당연히 우리와 함께 살아야 한다고 생각하거든."

나는 아저씨 말을 자꾸 곱씹어 보았단다.

'우리 딸, 당연히 함께 살아야 한다, 우리 딸, 우리 딸…….'

생각하면 할수록 니키, 네가 부러웠어. 아저씨는 내가 무슨 생각을 하는지 모르면서도 대답을 다그치지 않고 조용히 기다려 주셨어. 나를 지긋이 바라보는 아저씨의 눈을 보면서 나는 내 엄마를 떠올렸단다. 아저씨와는 정말 다른, 차가운 눈을 가진 엄마.

'어쩌면 이렇게 다를 수가 있을까?'

발끈 화도 나더라.

얼음보다
차가운 엄마

 내가 엄마를 처음 만난 것은 네 번째 생일이 지난 뒤였어. 테이트 아저씨네 식구들이 나를 입양하겠다고 했을 때였지. 테이트 아저씨네 식구들은 참 다정하고 나를 무척 예뻐해 주었어. 덕분에 나는 명절 때마다 테이트 아저씨네 집에서 즐거운 시간을 보냈단다.

 엄마가 입양 서류에 서명만 해 주었더라면 나는 앨리슨 테이트가 되어 남들처럼 평범한 가정에서 살 수 있었을 거야. 그런데 엄마는 입양을 반대했지. 지금까지도 나는 엄마를 도저히 이해할 수 없단다. 어째서 내가 입양되는 걸 막았을까?

 엄마가 입양에 반대하는 바람에 나는 테이트 아저씨, 아주머니를 만날 수 없었단다. 그리고 명절 때면 엄마 집으로 가야 했지. 엄마는 나를 좋아하지 않았어. 그걸 뻔히 아는데 엄마 집에 가는 것이 기쁠 리가 있겠니. 그래도 언니가 있을 때는 괜찮았어. 언니와 나는 아빠가 다른 자매였지만 언니는 나를 잘 돌봐 주었단다.

  한번은 내가 탈이 나 밤새도록 토했는데, 내가 토하려고 할 때마다 나를 안고 화장실로 달려가 준 사람이 바로 언니였어. 내가 언니를 붙잡을 수만 있었어도 언니가 덜 힘들었을 텐데……. 바짝 안기지도 못하는 나를 안고 화장실에서 침대로, 침대에서 다시 화장실로, 수없이 왔다 갔다 하느라 얼마나 힘들었을까? 그런데도 언니는 불평 한마디 하지 않았어.

  새벽이 되자, 나는 축 처져 몸을 가누지 못하고, 언니는 너무 지쳐 나를 침대에 데려갈 힘도 없었지.

  언니는 침대 대신 변기 위에 나를 앉혔단다. 그러고는 내가 떨어지지 않게 꼭 붙잡은 채 안쓰러운 눈빛으로 바라보며 말했어.

  "힘들지? 이제 곧 괜찮아질 거야. 기운 내, 앨리슨."

  나는 아무 말도 못하고 고개만 끄덕였어. 그날 밤이 어찌나 길던지……. 엄마는 집에 있었지만 한 번도 들여다보지 않더구나. 나는 얼른 낫고 싶었단다.

토하는 게 힘들기도 했지만 무엇보다 언니한테 너무 미안했거든. 그렇게 나를 정성껏 보살펴 주던 언니가 열아홉 살에 결혼해 집을 떠나자 나는 더욱 집에 가기 싫었어. 명절 때 며칠만 가 있는데도 언니가 없는 집은 정말 끔찍했어.

엄마는 아침 일찍 출근하면서 우유에 콘플레이크를 부어 놓았단다. 부엌 식탁이 내게는 너무 높아 콘플레이크 그릇을 바닥에 내려 놓았는데 내가 눈을 떴을 때쯤에는 콘플레이크는 퉁퉁 불어 죽이 되어 있었어. 그나마도 고양이가 먹어 버려 내가 먹을 수 없는 날도 많았어. 나는 엄마에게 그런 사정을 한마디도 이야기하지 못했어. 화가 난 듯 입을 꾹 다문 채 눈 한 번 마주치지 않는 엄마를 보면 입을 뗄 수 없었거든.

엄마가 집에 있을 때는 주눅이 들고, 아무도 없는 텅 빈 집에서 혼자 우두커니 있다 보면 시간이 멈춰 버린 듯 하루가 얼마나 지루하던지…… 깜깜한 우주를 홀로 둥둥 떠다니는 느낌…… 너무 외롭고 무서웠어.

좌절의 시간들

나를 똑 닮은 내 동생, 니키야!

아저씨에게 처음 네 이야기를 들었을 때부터 나는 네가 정말 내 친동생처럼 느껴지더구나. 세상 어딘가에 나와 똑 닮은 아이가 있다니 신기한 생각도 들고 위로가 되기도 했어. 그래서 한동안은 아저씨에게 편지를 자주 써 보냈지.

아저씨는 내가 보낸 긴 편지를 보고 입으로 글씨를 쓰는 일이 힘들지는 않은지 걱정하셨어. 그때 나는 예전보다 좋아요, 니키는 더 잘할 거예요, 하고 말할 수밖에 없었단다. 솔직히 나는 가짜 팔다리인 의수족을 달고 생활하는 게 더 괴로웠어. 사람들은 우리가 자기들과 같은 모습이길 바라서 긴 팔과 긴 다리를 만들어 주려고 애쓰지. 의수족이 우리에게 얼마나 큰 고통을 주는지 모르고 말이야.

내가 맨 처음에 쓴 의수는 수동이었단다. 쇠로 된 원기둥 끝에 갈고리가 달려 있었어. 피터 팬 알지? 그 이야기에 나오는 후크 선장의 한쪽 팔이 갈고리잖아. 크기만 작았지 내가 처음 썼던 의수가 딱 그렇게 생겼거든.

우리처럼 팔이 아예 없는 사람이 그 갈고리로 무언가를 잡으려면 어깨를 이리저리 흔들어야 하지. 그렇게 해서 물건을 잡기란 정말 하늘의 별 따기만큼 어려웠지. 그다음 의수는 조금 나은 편이었어. 턱으로 의수에 달린 집게를 벌렸다 오므렸다 할 수 있게 만든 거였는데 나무나 쇠붙이처럼 단단한 게 아니면 집게로 잡는 순간에 으스러져 버렸지. 그런가 하면, 부서뜨리지 않고 잘 들어 올렸다고 생각하기가 무섭게 갑자기 집게가 벌어져 애써 잡은 것이 떨어지고 말았어.

발을 쓰는 것이 편했어. 발가락은 의수에 붙은 갈고리나 집게보다 열 배, 백 배는 더 자연스럽게 움직여 주니까. 하지만 시설 선생님들은 의수를 쓰지 않으면 마구 야단쳤단다.

"그렇게 꾀를 부리니까 익숙해지지 않지! 언제까지 발로 밥을 먹을 거야!"

그러나 의수가 끼워져 있을 때는 밥을 먹을 수 없었어. 음식이 그릇 안에서 이리저리 밀리기만 하고 집히지 않았으니까. 나는 음식을 그릇 가장자리로 밀어 놓았다가 다른 사람이 보지 않을 때 재빨리 그릇에 입을 대고 먹었단다.

 나중에 어떤 아저씨가 의수에 달린 갈고리로 이런저런 일을 척척 해내는 걸 보았는데 정말 놀랍더구나. 그 아저씨는 사고로 팔을 잃었다니 아마도 팔을 어떻게 쓰는지 알기 때문에 그렇게 자연스럽게 움직일 수 있었던 게 아닐까?

 하지만 나는 태어날 때부터 팔이 없었어. 1초도 팔이라는 걸 가져 본 적이 없어서 그런지 의수를 어깨에 끼면 너무 답답하고 어색하기만 했단다. 의족도 마찬가지였지. 어쨌건 나는 익숙해지려고 끊임없이 노력했어. 선생님께 혼나지 않기 위해서라도 말이야. 그때는 선생님들이 야속했지만 지금은 그분들이 고맙단다.

 나는 세 살 때까지는 서서 걷지 못하고 엉덩이로 밀고 다녔대. 그러다 의족을 신게 되었는데, 의족을 신으면 몸이 굳어서 한 발짝도 떼기가 힘들었어. 날마다 잔디밭에 나가 걷는 연습을 하느라 진땀을 얼마나 흘렸는지……. 지금 생각해도 진저리가 쳐져.

 장애인 시설에서 지낼 때는 하루라도 빨리 그곳을 벗어나고 싶었어. 우리를 존중해 주는 사람이 거의 없었거든. 나는 자주 의사들의 관찰 대상이 되었는데, 발가벗은 채 여러 의사들에 둘러싸여 누워 있는 일은 정말 수치스러웠어. 그러나 의사들은 내 기분 따위는 조금도 생각해 주지 않았어.

이따금 후원자들의 배려로 바깥세상으로 나들이를 나가면 사람들이 어찌나 밝고 즐겁게 지내던지, 나도 시설만 나가면 그들처럼 행복하게 살 수 있을 줄 알았단다. 그래서 늘 시설을 나갈 날만 손꼽아 기다렸어. 그러나 열일곱 살에 시설을 나와 사회 적응 훈련소로 옮긴 뒤 내 생각이 얼마나 어리석었는지 뼈저리게 느꼈단다.

나를 보고 깜짝 놀라 도망치거나 얼굴을 찡그리며 기분 나빠하는 사람들……. 내가 뭘 어쨌다고……. 너무 슬프고, 화가 났어. 엄마를 원망하고, 하늘을 원망했지만 그런다고 뭐가 달라지겠니? 달라질 게 없다는 걸 잘 아는 터라 괴로움만 더욱 커졌어.

니키, 견디기 힘든 좌절 속에서 너의 아빠가 간절히 떠오르더라. 아저씨라면 나와 같이 슬퍼해 주고, 같이 화내 줄 거라 생각했지만 아무 말도 할 수가 없었단다. 아저씨는 너를 키우느라 바쁘셨거든. 불쑥 안 좋은 편지를 보내 걱정을 끼쳐 드리고 싶지 않았어. 또 한편으로는 나에게 닥친 일, 내가 겪어야 할 일이라면 내 힘으로 헤쳐 나가야겠다는 생각도 들었지.

나는 틈만 나면 주문을 외우듯 나에게 말했단다.

"그래, 한번 부딪쳐 보는 거야. 남들이 어떻게 보든 무슨 상관이야. 나는 나야! 앨리슨, 멋지게 살아 보자!"

그림 속에서 길을 찾다

멋진 삶! 내가 꿈꾸던 삶을 위해서는 일을 찾아야 했어.

내가 평생 해 나가야 할 일, 내가 잘할 수 있는 일, 그게 무엇일까 곰곰이 생각했어. 그러자 '그림'이 떠올랐단다. 나는 세 살 때부터 발로 그림을 그리며 놀았는데, 발가락으로 붓을 꼭 쥐고 물감을 흠뻑 묻혀 그림을 그리는 일은 늘 즐거웠어.

어렸을 때는 그림 그리는 일이 놀이였어. 어떤 놀이보다 재미있었는데 그 재미는 한 살, 두 살 나이를 먹어도 시들해지지 않았단다. 하지만 그림을 웬만큼 그릴 수 있게 되자 힘든 시간이 다가왔어. 자꾸 잘 그리는 것에 욕심이 생기다 보니 내 그림이 영 성에 차지 않더라. 그때 마음속에서는 이런 말이 들려왔어. '그 정도면 되었어.'

하지만 그건 넘어가면 안 되는 유혹이었어. 문제는 그걸 알면서도 자꾸 그 유혹에 귀를 기울였다는 거야. 지금 생각해 보면 가장 어려웠던 그 시절, 나는 붓을 들었다 놓기를 수없이 반복했어. 결국 나는 그 유혹을 이겼어.

열여섯 살에 미술 대회에서 상을 받았는데 내 이야기가 지방 신문에 실렸어. 그걸 구족화가협회에서 보고 나를 학생 회원으로 받아 주었지. 구족화가협회에서는 학생 회원에게 달마다 그림물감과 미술 재료들을 살 수 있는 돈을 주더구나. 그림을 마음껏 그릴 수 있는 좋은 기회였어. 그뿐만 아니라 내가 다른 사람에게 인정받을 만한 재주를 지녔다는 게 무척 기뻤단다.

'그래, 그림! 내가 좋아하고 잘하는 일로 돈을 버는 거야.'

나는 사회 적응 훈련소에서 지내는 2년 동안 꾸준히 그림을 그렸단다. 구족화가협회에서는 카드에 그림 그리는 일을 지원해 주었어. 처음에는 꼼꼼하게 그려야 한다는 생각만으로 한 장, 한 장 정성을 다해 그렸단다. 그러다 보니 어쩐지 내가 기계 같다는 생각이 들더라. 내가 그림 그리기를 좋아하는 이유는 나의 상상력을 마음껏 나타낼 수 있기 때문인데 정해진 그림을 수없이 되풀이해 그려야 했으니 말이다.

카드 그리는 일을 하다 보니 차츰 내가 바라는 일이 무엇인지 뚜렷해졌어. 나는 화가가 되고 싶었고, 학위도 따고 싶었어. 그렇다면 이것저것 재거나 머뭇거릴 필요가 없었지. 나는 브라이튼 미술 대

학에 가겠다는 생각으로 그 대학 학장과 교사들을 만나러 갔단다. 나를 본 사람들은 무척 놀라고 당황하더라. 내 눈을 피하는 사람도 있었지. 그러나 나는 기죽지 않고 당당하게 말했어.

"입학을 허락해 주십시오. 열심히 하겠습니다. 저에게 기회를 주십시오."

아무도 선뜻 입을 열지 않더라. 나는 다시 말했지.

"당장 결정하기 어렵다면 석 달만 지켜봐 주십시오. 만약 석 달 뒤에도 내키지 않는다면 그때 쫓아내십시오."

나는 원래 목소리가 크고 밝은 편인데 면접 때는 더욱 힘을 줘서 또박또박 말했단다. 다른 길은 없어 보였어. 반드시 그 대학에 들어가 미술 공부를 해야겠다는 마음이 너무나 간절했거든.

"음, 앨리슨 래퍼 양, 당신은 다른 학생들보다 나이가 많군요."

학장이 말을 꺼냈지.

그것이 문제가 되느냐 물으려고 입을 열려는데 학장이 그다음 말을 이어 했어.

"나는 당신이 다른 학생들보다 늦게 시작하는 만큼 더 열심히 공부하리라 믿습니다."

그러고는 학교에 장애인 시설이 하나도 없다는 것, 휠체어가 다닐 수 있는 경사로도 없는데 괜찮겠느냐고 묻더라. 입학을 허락하는 말을 듣고 기쁨에 들떠, 다른 말들은 내 귓등을 스쳐 지나갔어.

'기회를 얻었어. 앨리슨 래퍼, 이제 대학에 다니는 거야!'

들뜬 마음이 가라앉은 뒤에야 얼마나 많은 걸림돌이 내 앞에 놓여 있는지 깨달았단다. 그렇다고 물러설 수는 없었어. 나는 총알이 빗발치는 싸움터 한가운데에 서 있는 사람처럼

잔뜩 긴장하고 단단히 마음먹었어.

쉬운 일은 하나도 없었어. 학교에 가면 먼저 미술 대학 건물 입구에 있는 출석부에 서명을 해야 했어. 나는 날마다 아침 9시에 등교했는데 출석부가 높은 곳에 있어서 혼자서는 서명을 할 수가 없었단다.

출석부뿐만 아니라 엘리베이터 단추도 나에게는 너무 높았어. 옆에 사람이 없으면 엘리베이터를 타고 오르내릴 수가 없었지. 게다가 긴 복도 사이사이에 이중 방화문이 있었는데 나는 다른 사람들처럼 빠르게 이쪽 문에서 저쪽 문으로 갈 수가 없었단다. 한쪽 문을 열고 들어가면 다른 쪽 문으로 빠져나가기 전에 문이 닫혀 버렸어. 문을 열어 줄 사람이 나타날 때까지 두 문 사이에 꼼짝없이 갇혀서 기다려야 했지.

그런 일이 수도 없이 일어났지만 공부를 포기하지 않았어. 어떻게든 학교를 다니고 졸업해야 한다는 의지로 꿋꿋하게 버텼지.

살아 있는 비너스

나는 하루도 빠지지 않고 학교에 갔어. 아침 일찍부터 밤늦게까지 학교에 있으면서 수업이 없는 시간에는 작업실에서 꼬박 그림을 그렸단다. 주로 영화나 잡지에 나오는 멋지고 아름다운 사람들의 모습을 그렸지. 어느새 작업실은 내가 그린 그림으로 뒤덮였어.

그러던 어느 날, 교수님 한 분이 내 작업실에 들어와 그림들을 죽 둘러보더니 불쑥 이렇게 말하더구나.

"멋진 사람만 그리는군요. 그런데 이 많은 사람 가운데 왜 당신은 없나요?"

처음에 나는 그게 무슨 뜻인지 얼른 알아듣지 못했어. 그러자 교수가 다시 덧붙여 말해 주더구나.

"당신은 당신을 어떻게 생각하나요? 이 사람들과 다른가요?"

그제야 나는 무슨 말인지 알아챘어. 그리고 정신이 번쩍 들었지.

그때까지 나는 한 번도 내 몸에 대해 깊이 생각해 본 적이 없었어.

'내 몸은 어떻지? 사람들은 나를 어떻게 볼까? 나는 아름다운 것을 그리고 싶어. 장애를 가진 사람도 아름다울 수 있을까?'

그 질문들이 머릿속을 맴도는 동안 나는 아무것도 그릴 수 없었단다.

'나는 아름다운가? 아름답다는 것은 무엇일까?'

나는 내 질문에 답을 찾기 위해 도서관에 틀어박혀 이 책 저 책 마구 뒤졌어. 그러다 마침내 눈에 확 뜨이는 사진을 발견했단다. 바로 밀로의 비너스 사진. 고대 그리스 시대에 만들어진 양쪽 팔이 없는 여성의 대리석 조각상.

어쩜 그렇게 내 몸과 똑같던지!

밀로의 비너스를 그때 처음 본 것은 아니었어. 그 전에 보았을 때는 별다른 생각 없이 지나쳤지. 나는 거울 앞에 서서 내 몸을 찬찬히 들여다보았어. 그러면서 내가 내 몸에 대해 어떻게 느끼는지 떠올려 보았단다.

'그래, 나는 남과 다르지만 그렇게 크게 다른 것은 아냐.'

그때부터 나는 내 몸을 주제로 작품을 만들기 시작했어.

내 몸을 석고로 떠서 모형을 만들기도 하고, 내 모습을 찍은 사진으로 전시회를 열기도 했어. 조금도 보태지도 빼지도 않은 내 모습을 있는 그대로 사람들에게 보여 준 거야. 내 작품을 본 사람들은 한결같이 말하더구나.

"앨리슨 래퍼는 살아 있는 비너스야."

아이를 낳다

니키야, 편지를 쓰는 지금 내 아들 팰리스는 곤히 잠들어 있단다. 팰리스는 내가 세상에 태어나 받은 가장 큰 선물이야. 팰리스가 없었다면, 저 아이를 낳지 않았다면 어땠을지 상상이 안 가.

내가 아이를 낳겠다고 했을 때 대부분의 사람들이 반대했단다. 나를 이해해 주는 사람들조차 다시 생각해 보라며 많이 걱정했지. 나처럼 장애를 가진 아이가 태어날까 봐 걱정하는 사람도 있었고, 임신이 내 몸에 무리가 될 거라고, 건강을 걱정해 주는 사람도 있었어. 무엇보다 남편 없이 아이를 낳아 키운다는 데에 반대하는 사람이 많았지.

나도 남편과 함께 아이를 키우고 싶었지만 그럴 수가 없었단다. 남편은 화를 잘 내고 화가 나면 주먹을 휘두르기도 했거든. 나는 아이를 낳고 싶었고, 아이를 위해서라도 좋은 가정을 만들어야 했어.

그래서 이혼했어.

  지금까지 살아오면서 좋지 않은 일이 일어날 때면 으레 '남들처럼 평범하게 사는 것이 이렇게 어려운 일일까?' 하는 생각이 들더라. 이혼했을 때도 그랬단다. 참 괴로웠어.

  이혼한 뒤에 나에게 힘이 되어 준 것은 아이였어. 나는 아이를 생각해서라도 편안한 마음으로 밝게 지내려고 애썼단다. 임신 초기에는 주위 사람들의 걱정이 귀에 들어오지 않았어. 나처럼 장애를 가진 아이가 태어난다 해도 잘 키울 자신이 있었지. 적어도 그 아이 마음에 상처 주는 일은 하지 않을 테니까. 또 아이를 낳을 수만 있다면 몸이 힘든 것쯤은 얼마든지 참을 수 있다고 생각했어.

  그런데 아이를 낳고 키우는 일은 생각했던 것보다 훨씬 힘들더구나. 그것이 어떤 것인지 잘 모르고 자신했던 거야. 배가 불러 오면서 몸이 무거워지자 온몸이 아팠어. 안 그래도 늘 통증에 시달리던 내 작은 다리는 하루가 다르게 늘어나는 몸무게를 이기지 못해 더욱 심하게 아팠지. 지금 돌이켜 보면 어떻게 그 고통을 참아 냈는지 모르겠구나. 아이가 건강하게 크고 있다는 사실이 고통을 견디게 해 준 것 같아.

  '내가 엄마가 되는 거야.'

  그 생각만 하려고 애썼어. 더는 견딜 수 없을 때 수술을 해서 아이를 낳았어. 다행히 내 아들 팰리스는 장애 없이 아주 건강하단다. 팰리스에게 우유를 먹이고, 옷을 갈아입히고, 목욕을 시키는 건 보통 일이 아니야. 하지만 차츰 익숙해져 가고 있어. 사람들은 내가 팰리스를 보살피는 걸 보고 놀라 혀를 내둘러. 다른 사람들이 손으로 하는 일을 발이나 입으로 하고 있으니까.

니키, 네 말대로 화가, 사진작가로 활동하며 한 아이의 엄마로 지내는 일은 쉽지 않아. 하지만 나는 나를 믿는단다. 오래전에 네 아빠가 나에게 그런 말씀을 하셨어.

"앨리슨, 네가 어려움을 씩씩하게 헤쳐 나가는 걸 보면서 나는 큰 위안과 용기를 얻는단다. 우리 니키도 너처럼 잘할 수 있을 거라는 희망이 생기거든."

그거야, 니키. 우리는 장애를 가진 수많은 사람에게 희망을 줄 수 있어. 훈장을 받고 나자 어떤 사람이 나에게 묻더구나. 이제 무엇에 도전할 거냐고.

"삶이오."

내가 그렇게 대답하자 충분하지 않다고 생각했는지 다시 묻더라.

"어떤 삶이오?"

그래서 나는 웃으며 대답했단다.

"하루하루의 삶이오. 내게는 하루하루가 도전입니다."

니키야, 이제 네 차례다

니키, 사랑하는 내 동생아!

내가 다른 사람들처럼 평범하게 살고자 했을 때 많은 사람이 나를 유별난 사람이라고 여겼단다. 장애인은 장애인답게 살아야 한다고 생각하기 때문이겠지. 그러나 니키야, 세상 모든 사람이 다 그렇게 생각하더라도 꿈을 접거나 용기를 잃지 말자꾸나.

그러기 위해서는 먼저 자신을 사랑해야 해. 내가 나를 사랑하지 않는데 누가 나를 사랑해 주겠니? 나는 소중한 사람이라는 걸 잊지 말렴. 그래야 꿈을 가질 수 있고, 꿈을 키우려고 노력하게 된단다. 꿈이 있는 사람은 모두 아름답지.

니키야, 세상 누구보다 너를 믿으렴. 너는 무엇이든 할 수 있고, 무엇이든 될 수 있어. 너를 믿는 것처럼 큰 힘은 없단다. 네가 너를 믿는 만큼 네 꿈은 커지고, 꿈을 이룰 수 있게 돼. 무엇이든 할 수 있다는 자신감을 바탕으로, 네가 좋아하고 가장 잘할 수 있는 일을 찾으렴. 그리고 집중하렴. 그래야 더 나은 결과가 나오고, 그 결과는 또다시 너에게 자신감을 줄 거야.

거의 모든 사람이 내가 겪는 고통과 어려움을 이해하려 하지도 않고 내 겉모습만 보고 혐오스러워했어. 어떤 사람들은 내 말을 듣고 나서 내가 바보가 아니라는 걸 알고는 깜짝 놀라더구나. 내가 나를 사랑하고 믿지 않았다면 사람들의 편견을 견디지 못했을 거야.

서로 다른 것을 인정하지 못하고 다르다는 것만 가지고 장애인을 차별하는 사람들을 만나면 답답하기도 하고 화도 나지. 그렇다고 번번이 화내고, 따질 수는 없잖니. 그러다가는 아무 일도 할 수 없을걸. 그래서 나는 편견을 갖고 우리를 차별하는 사람들을 이해하려고 애쓴단다. 사람들에게 나는 분명 낯설고 이상하게 보일 거야. 저절로 눈살이 찌푸려질 수 있지.

그들은 내가 누군지 모르잖아.

남이 나를 알아주지 않는다고 화를 내거나 상처를 받을 필요는 없어. 내가 할 일에 집중하고, 나머지 일에 대해서는 너그러운 마음을 갖도록 해 보자. 그러지 않으면 상처가 너무 클 테니 말이야.

니키야, 나는 늘 이렇게 생각한단다.

'우리가 장애가 없는 사람들과 다른 점이 있다면, 우리가 바라는 것을 이루기 위해 그들보다 더 열심히 노력해야 한다는 것뿐이다.'

이런 생각이 지금의 나를 만들었고, 앞으로 더 나은 내가 되도록 해 줄 거라고 믿어.

사랑하는 니키야, 우리 앞에 놓인 수많은 걸림돌에 지레 겁먹고 머뭇거리거나 주저앉지 말자. 끊임없는 노력으로 꿋꿋하게 헤쳐 나가자!

우리는 할 수 있어.

2008년 7월
영국에서 앨리슨 래퍼가

앨리슨 래퍼에게 배우는 노력의 비법

사고로 다리를 다쳐서 목발을 짚고 다닌 적이 있어요. 얼마나 불편하고 힘들었는지 몰라요. 평생을 장애인으로 살아가려면 어려움이 참 많겠지요? 가장 힘든 점은 무엇인가요?

맞아요. 장애에는 여러 가지가 있는데 나처럼 신체장애일 때는 무엇보다 불편함과 고통이 크답니다. 마음대로 움직일 수 없다는 것이 가장 힘들지요. 뒷짐을 지고 무릎을 꿇은 채 생활해 보아야 나를 이해할 수 있을 거예요. 나는 팔 대신 옷 입는 지팡이를 쓰는데 바지를 입으려면 목을 완전히 비틀어야 해요. 그래서 늘 목이 아프죠. 또 무릎 아래가 없이 넓적다리뼈에 발이 붙어 있어서 짧은 다리로 몸무게를 지탱하느라 다리가 무척 아파요. 다른 장애인들도 저마다 고통을 겪고 있어요.

그러나 이런 고통보다 더 견디기 힘든 것은 사람들의 편견과 차별입니다. 장애인을 이해하지 못하고 무조건 경계하거나 무시하는 사람이 많아요. 세계 곳곳에서 수많은 장애인이 사람으로서 당연히 누려야 할 권리를 누리지 못하고 있습니다. 정말 마음 아프고, 견디기 힘든 일이지요.

장애인으로 살아가면서 겪어야 하는 여러 가지 어려움을 딛고 일어서려면 어떻게 해야 할까요?

맨 먼저 마음이 강해져야 해요. 그러기 위해서는 장애를 받아들이고, 내가 소중한 사람이라는 걸 믿어야 하죠. 다른 사람들과 비교해 움츠러들거나 화를 내는 일은 아무런 도움이 되지 않습니다.

사람들은 모두 다 다릅니다. 일란성 쌍둥이도 다른 걸요. 그걸 인정하고 자기만의 장점과 재능을 찾아내고 키우는 데 힘을 쏟아야 합니다.

장애인들은 다른 사람들보다 열 배, 스무 배, 백 배는 더 노력해야 합니다. 그렇다고 너무 슬퍼하거나 좌절해서는 안 돼요. 내 안에 장애를 이겨낼 수 있는 재능과 힘이 있다는 것을 굳게 믿으세요. 그리고 최선을 다 하는 거예요.

오뚝이가 되어야 해요. 수없이 많은 어려움을 만날 때마다 당당하게 다시 일어서야 해요. 쓰러지기가 무섭게 다시 일어서는 오뚝이의 힘이 아주 중요해요.

저도 했으니 여러분은 더 잘 해 낼 수 있을 것입니다.

❻ 노력파 학자의 좌절 극복 비법

역사책을 쓰는 데
일생을 바친
사마천

사마천
(기원전 145~85)

사마천은 중국 역사책 가운데 가장 중요하게 여기는 《사기》를 지은 사람입니다. 사마천이 역사책을 쓰기 시작한 것은 아버지의 영향 때문이었습니다. 사마천의 아버지 사마담은 천문 관측, 달력의 개편, 나라의 큰 행사를 기록하는 태사령이자 뛰어난 학자였습니다. 사마담은 한때 이름을 날렸던 집안의 명예를 되찾기 위해 훌륭한 역사책을 쓰기로 결심했습니다. 그러나 꿈을 이루기 전에 세상을 떠났고, 아들 사마천이 그 뜻을 이어받았습니다.

아버지의 뒤를 이어 태사령이 된 사마천은 '이릉 사건'으로 사형을 선고 받았습니다. 역사책을 다 쓰지 못한 사마천은 사형 대신 받을 수 있던 궁형을 택합니다. 부모에게 물려받은 몸을 훼손하는 것은 크나큰 불효라 여기던 때에, 그것도 생식기를 잘라 내는 끔찍한 형벌인 궁형을 받기로 결정할 만큼 역사책을 완성해 내겠다는 사마천의 뜻은 곧고 굳었습니다.

궁형을 받고 2년 만에 감옥에서 나온 사마천의 몸은 만신창이가 되었고, 마음은 치욕으로 갈피를 잡기 어려웠습니다. 그러나 사마천은 억울함과 치욕을 딛고 역사책을 쓰는 데 남은 인생을 바쳤습니다.

그리고 끝내 사마천만의 독특한 형식으로 다양한 내용을 담은 역사책 《사기》를 완성했습니다. 사마천의 끈질긴 의지와 노력이 없었다면 오늘날까지 중국 역사책의 으뜸으로 손꼽히는 《사기》는 세상에 나오지 못했을 것입니다.

죄인의 몸으로
역사책을 쓰다

아! 마침내 글을 마쳤다.

글이 빼곡하게 적힌 채 쌓여 있는 죽간(대나무를 엮어 만든 책)을 보노라니 가슴이 벅차오른다.

지난 14년 동안 좁은 대나무 줄기에 한 자, 한 자 정성들여 새겨 넣은 죽간들을 가만히 매만져 보았다.

중국의 역사를, 역사 속에서 살아 숨 쉬는 사람들을, 역사와 사람이 빚어낸 온갖 이야기를 담은 52만 6,000여 자로 이루어진 책. 이것을 수레에 실으면 몇 대나 될까? 아무리 많다 한들 어찌 시간과 사람이 얽히고설켜 끝없이 돌고 도는 역사를 모두 담아낼 수 있겠는가. 다만 나의 모든 것을 걸었을 뿐이다.

이제 되었다. 내가 할 일은 다 했다.

만약 9년 전에 치욕을 피해 죽음을 택했더라면 이 책이 어찌 세상에 나와 빛을 볼 수 있었겠는가.

9년 전.
장수 이릉이 흉노와 싸워 졌을 때 임금이 나에게 물었다.
"이릉에 대해 어떻게 생각하는가?"
이릉은 내가 존경하는 훌륭한 장군, 이광의 손자다. 이광은 흉노도 우러러볼 정도로 널리 이름을 떨친 진정한 군인이었다. 그의 손자 이릉 역시 매우 뛰어난 장수로 수많은 싸움에서 적을 물리쳤다. 사람들은 이릉을 한껏 치켜세우며 영웅 대접을 했다.

그러나 이릉이 싸움에서 지자 하루아침에 말을 바꾸어 이릉을 형편없는 장수로 몰아세우고 벌해야 한다고 소리를 높였다.

《손자병법》에 이르길 '한 번 실수는 병가지상사'라 했다. 이는 싸움을 하다 보면 실수 한 번쯤은 흔히 있는 일이라는 뜻이다. 원숭이도 나무에서 떨어질 때가 있다는데 장수가 싸움에 나가 어찌 한 번도 지지 않을 수 있겠는가.

그런데도 다들 임금 앞에서 이릉의 허물을 들추어내어 임금의 눈을 가리고 귀를 막았다.

이럴 때, 임금이 내게 이릉에 대해 어떻게 생각하느냐 물은 것이다.
나는 임금이 아첨꾼들의 말만 듣고 잘못 판단하는 일이 없길 바랐다. 그러려면 정확한 사실을 알려 주어야 한다고 생각했다. 그것이 신하가 마땅히 해야 할 도리 아닌가.

나는 내 생각을 솔직하게 털어놓았다.

"이릉은 훌륭한 장수입니다. 비록 이번 싸움에서 졌으나 싸움터에서 올라온 소식을 들어 보면 이릉은 5,000명이라는 적은 군사로 3만 명이 넘는 흉노를 맞아 끝까지 용감하게 싸웠다고 합니다. 적은 수로 많은 적군을 상대해 이기기는 어렵습니다. 그러니 이번 싸움에서 진 것이 어찌 이릉의 잘못만이라 하겠습니까.

굳이 책임을 따지자면 총사령관 이사 장군의 작전 실패가 원인입니다.

또 지금 많은 사람이 이릉이 싸움에 진 뒤, 스스로 목숨을 끊지 않고 적에게 붙잡힌 것을 탓하는데 그것은 다음을 기약하기 위해서가 아니겠습니까. 이릉은 반드시 나라를 위해 큰일을 할 것입니다. 널리 헤아려 주시기 바랍니다."

말을 마치고 임금을 올려다보니 얼굴빛이 붉으락푸르락했다. 임금이 그렇게 화를 내리라고는 전혀 생각하지 못했다.

임금은 버럭 소리쳤다.

"뭐라고? 그렇다면 모든 잘못이 이사 장군 이광리에게 있단 말인가?"

주위에 있던 사람들은 하나같이 나를 손가락질하고 혀를 차며 나무랐다.

"저런, 저런, 이사 장군을 모함하다니!"

"감히 여기가 어디라고 그런 말을……."

그리고 잇따라 임금의 명이 쩌렁쩌렁 울려 퍼졌다.

"이놈을 당장 가두어라. 못된 마음을 품고 함부로 입을 놀린 죄를 엄히 다스리겠다."

나는 그렇게 죄인이 되었다.

견디기 힘든
고난의 시간들

"이보게, 아무리 바른말이라고 해도 그렇지, 이사 장군이 누군가? 임금의 처남이 아닌가. 임금 앞에서 처남이 잘못해 일어난 일이라고 말하다니 어찌 그리 어리석은가?"

"자네가 큰 실수를 했네. 무조건 잘못했다고 싹싹 빌게."

사람들의 말에 나는 더욱 놀랐다. 임금의 처남이 저지른 잘못은 들추지 말아야 한다니…….

그렇다면 나는 임금에게 무어라 대답을 해야 했단 말인가? 다른 사람들과 마찬가지로, 모든 책임을 맡고 있는 사령관의 잘못은 묻어 두고 명령에 따라 군사를 이끌고 나가 적과 싸운 장수만 죄인으로 몰아야 했나?

알면서도 아뢰지 않는 것이 옳은가? 그저 임금의 마음을 불편하지 않게 하는 것만이 신하의 도리라는 말인가?

이릉 사건으로 나의 신념은 송두리째 뿌리 뽑히고 말았다.

그때까지 나는, 내 조국 한나라는 위대하고 임금은 하늘이 내린 훌륭한 사람이라 믿었다. 내 가슴속에는 한나라와 임금에 대한 충성이 가득했다.

그런 나에게 날벼락이 떨어진 것이다. 나는 임금에게 거짓을 아뢰고, 이릉 편을 들었다는 이유로 하루아침에 죄인이 되어 감옥에 갇혔다.

나는 나에게 묻고 또 물었다. 진실로 한나라는 위대한가? 임금은 훌륭한가?

내게 죄가 없다는 것을 아는 사람은 숱하게 많았다. 하지만 어느 한 사람도 임금 앞에 나서서 나를 두둔하는 말 한마디 하지 않았다. 감옥에 갇혀 있는 동안 내가 믿어 왔던 모든 것이 얼마나 허망한 것이었나를 깨달았다. 나는 임금과 여러 사람에게 받은 상처로 몹시 괴로웠다.

그런데 내가 감옥에 갇히고 나서 얼마 뒤, 이릉이 적에게 병법을 가르친다는 소문이 퍼졌다. 소문을 들은 임금은 화가 머리끝까지 치솟았다.

"이릉, 이 자가 마침내 나의 뒤통수를 치는구나!"

그 화는 곧바로 나에게 미쳤다.

"뭐, 나라를 위해 큰일을 할 거라고? 이런 자를 편들다니, 똑같은 놈이다. 사마천의 목을 쳐라!"

사형이라니! 사형이 내려졌다는 말에 눈앞이 캄캄했다. 믿을 수가 없었다.

오래지 않아 이릉이 적에게 병법을 가르친다는 것은 헛소문이었다는 게 밝혀졌다. 그러나 나에게 내려진 형벌은 바뀌지 않았다.

사형을 피하는 방법은 두 가지였다. 하나는 돈 50만 전을 내는 것이요, 또 하나는 궁형을 받는 것이다.

50만 전은 매우 큰돈이다. 가난한 우리 집에 그런 돈이 있을 리가 없었다. 식구들이 여기저기 다니며 돈을 마련하려 애썼지만 몇 푼이나마 빌려 주는 사람이 드물었다. 친하게 지내던 사람들도 우리 집을 멀리하며 모르는 척했다. 함께 화를 당하게 될까봐 두려웠던 것이다.

그제야 비로소 나는 세상을, 그리고 나를 알았다.

나는 사형을 받기 십 년 전인 서른여덟의 나이에 기록 일을 하는 관리인 태사령에 임명되었다. 아버지가 유언으로 바라던 자리에 오른 것이라 기쁨이 컸다. 나는 열과 성을 다해 맡은 일을 해 나갔다. 그러다 보니 벗들을 만날 짬도, 식구들과 오붓하게 지낼 짬도 나지 않았다.

너무 일에만 매달린다는 핀잔과 불평이 많았지만 귀담아듣지 않았다. 해야 할 일을 쌓아 두고 여유를 부릴 수는 없었다.

나는 밤낮을 가리지 않고 열심히 일했다. 나라와 임금을 위해 일하는 것이야말로 관리가 해야 할 으뜸 덕행이라 여겼다. 내가 하는 일에 자부심을 느꼈고, 한눈팔지 않고 열심히 일하는 내 모습에 긍지를 가졌다. 자신감이 넘쳐 있었다.

그러나 세상 사람들이 보기에 나는 보잘것없는 사람이었다.

태사령으로서 내 모든 걸 다 걸고 일했지만 크게 내세울 만한 일을 한 것은 없었다. 그러니 내가 죽는다고 세상이 달라질 것도 아니며 안타까워할 사람도 없었다. 그야말로 소 아홉 마리의 수많은 털 가운데 한 올이 없어지는 것과 같을 따름이었다.

꿈을 위해 살아남는
길을 택하다

 나는 사형을 받아 단칼에 죽을 수도 있었고, 궁형을 받아 평생 치욕스럽게 살 수도 있었다. 어느 길을 갈 것인지 스스로 결정을 내려야 했다.

 '사람은 언젠가 죽기 마련이다. 하지만 아무에게나 꼭 한 번 찾아오는 죽음이라고 해서 다 같은 죽음이라고 할 수는 없다. 어떤 죽음은 태산보다 무겁고 어떤 죽음은 새털처럼 가볍게 여겨진다.

 왜 그런가?

 어떻게 죽느냐가 다르기 때문이다. 평소 용기 있던 사람이라고 해서 반드시 절개를 지키다 죽는 것도 아니며, 비겁하게 살던 사내라고 의리를 품고 죽지 말란 법이 없다.

 그러면 나는 어떻게 죽어야 할까?'

 하늘을 우러러 한 점 부끄러움 없이 살다 당당하게 죽고 싶었다.

그렇다면 궁형을 받고 부끄럽게 살기보다 사형을 받아야 했다. 그러나 선뜻 사형을 선택할 수는 없었다. 끝내지 못한 너무나 중요한 일이 남아 있었기 때문이었다.

아버지께서 세상을 떠나기 전에 말씀하셨다.

"아들아, 나는 원래 역사책을 쓸 생각이었다. 그런데 하늘이 나에게 책 쓸 시간을 주지 않고 데려가시는구나. 그러니 아들아, 네가 내 꿈을 이루어 주려무나."

나는 아버지께 반드시 그렇게 하겠노라고 약속하였다. 그리고 약속을 지키기 위해 하루도 마음을 늦추지 않았다.

아버지가 모아 놓은 자료와 세상 여기저기에 흩어져 있는 이야기들을 모아 꼼꼼하게 살폈다. 그리고 그것들을 정리해 일의 처음과 끝, 성공과 실패, 흥하고 망하는 원리를 찾아 끼리끼리 나누고 묶었다. 그런 뒤 그 이야기들 속에서 하늘과 인간의 관계를 엿보고, 과거와 현재를 꿰뚫어 나름대로 내 생각을 담으려고 했다. 그런데 초고를 마치기도 전에 형벌을 받게 된 것이다.

'그래, 어차피 한 번 죽을 목숨, 수치스럽더라도 하던 일을 마저 끝내고 죽는 것이 옳다. 살아서 역사책을 쓰자!'

나는 궁형을 택했다. 궁형. 아직도 여전히 입 밖으로 말하기 어려운, 치가 떨리는 형벌이다.

예로부터 효도란 모름지기 부모님께 물려받은 몸을 망가뜨리지 않는 것에서 시작된다 했다. 그리하여 머리카락 하나도 함부로 다루지 않는 것이 자식의 도리라 여겼는데, 하물며 가장 중요한 생식기를 잘라 내는 형벌이라니! 만신창이가 된 몸으로 살아가는 일은 죽음보다 끔찍한 형벌이 아닐 수 없다.

궁형을 당한 나는 잠실로 옮겨졌다. 찬 바람을 맞으면 목숨을 잃을 수 있기 때문이었다. 누에를 키우려고 따뜻하게 해 놓은 잠실에서 나는 치욕의 피눈물을 흘리며 오줌이 나오길 기다렸다. 생식기가 잘려 나간 곳에 꽂아 놓은 속이 빈 거위 깃털을 통해 오줌이 나와야 살 수 있었다. 그러지 않으면 오줌을 누지 못해 요독증으로 죽을 수밖에 없었다.

치욕과 불안 속에서 나는 빌고 또 빌었다.

'역사책을 마저 쓸 시간만 허락해 주십시오. 살아서 책을 쓰게 해 주십시오.'

하늘의 뜻에 따라 나는 목숨을 건져 잠실을 나왔다. 그리고 2년 더 감옥에 있었다. 감옥살이를 하는 동안 머리카락은 온통 하얗게 세어 버렸고, 온갖 병에 시달린 탓에 몸은 쇠약해졌다. 조금만 빨리 걸어도 숨이 차올라 숨을 쉴 수가 없었다. 나의 삶이 얼마 남지 않았다는 걸 몸으로 느낄 수 있었다. 그러기 때문에 잠깐도 헛되이 보낼 수 없었다.

　나는 산처럼 쌓여 있던 자료와 내가 정리해 놓은 글을 찬찬히 읽어 보았다. 하나같이 한나라와 임금을 찬양했다.

　"아니야. 이게 아니야."

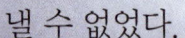

그동안 나는 세상의 한쪽 면만 보고 살아왔던 것이다. 이릉 사건을 통해 절실하게 깨달았다. 내가 무엇을 모르고 살았는지. 처음부터 다시 시작해야 했다.

나에게는 시간이 많지 않았다. 서둘러도 모자랄 판에 마음이 흩어져 일에 집중하기가 어려웠다.

불쑥불쑥 떠오르는 궁형의 치욕. 치욕이 떠오르면 온몸에 식은땀이 흘러 옷을 흠뻑 적시었다. 잊으려 애를 썼지만 하루에 열두 번도 더 애가 끊어지는 괴로움이 밀려왔다. 잊으려 발버둥 치면 칠수록 더욱 깊이 빠져 드는 듯했다.

순간순간 넋이 나가 내가 살았는지 죽었는지 갈피를 잡을 수 없을 때도 많았다. 집 안에 있어도 마음이 가라앉지 않고, 집 밖에 나가면 어디로 가야 할지, 길 잃은 아이처럼 발을 동동 구르며 안절부절못했다.

그때마다 나는 내가 왜 궁형을 택했는지 되새겨 보려 애썼다.

'치욕은 죽으면 잊혀질 것이다. 그러나 제대로 된 역사책은 백 년, 이백 년, 아니, 천 년 넘게 이어 전해질 것이다. 이미 벌어져 어쩔 수 없는 일로 괴로워하지 말고 내 손으로 펴 나갈 앞날을 고민하자. 어떻게 하면 훌륭한 역사책을 쓸 수 있을지 그것만 생각하자.'

나는 내 모든 것을 걸고 붓을 들었다.

나만의 방식으로
역사책을 쓰다

내가 역사책을 쓴다는 소문이 나자 여기저기서 수군거리는 말이 들려왔다.

"공자의 《춘추》가 있는데 무슨 역사책을 또 쓴다는 거지?"

"《춘추》를 이을 책을 쓴다더군. 주제도 모르고 말이야."

"왜 임금이 시키지도 않은 일을 하느라 사서 고생이람!"

나는 못 들은 척 귀를 막았다. 그들 말대로 나는 나라에서 시키지도 않은 일을 하고 있었다. 그것도 공자의 뒤를 잇겠다면서.

공자의 《춘추》는 이름난 역사책이다. 하지만 그것은 500년 전에 만들어진 책이다. 아버지께서는 《춘추》의 뒤를 이을 책이 없음을 안타깝게 여겨 역사책을 쓰기로 하셨다.

사람들이 나를 못마땅하게 여기는 까닭을 잘 알았지만 신경 쓰지 않았다. 남들이 떠들어 대는 이야기에 귀 기울일 시간도 없었고, 대꾸할 힘도 없었으며 그럴 필요도 느끼지 않았다. 내가 옳다고 생각하는 일을 굳건히 밀고 나가면 그뿐이었다. 나머지는 후세의 평가에 맡기는 것이다.

〈시경〉에 이런 말이 있다.

'높은 산 바라보며 큰길을 가야 한다.'

비록 이르지 못하더라도 마음은 높은 곳을 바라보고 나아가야 하지 않겠는가. 내가 공자의 《춘추》를 잇겠다는 것은 숭고한 뜻을 세워 스스로 분발하겠다는 다짐이었다.

역사책을 처음부터 다시 쓰기로 마음먹고 맨 먼저 고민한 것은 어느 때부터 시작할 것인가였다. 수많은 역사책을 살펴보면 저마다 주장이 다 달랐다. 나는 살피고 고민하여 중국의 첫 문명 시대인 황제 시대를 시작으로 삼았다. 그리고 내가 살고 있는 지금 이때, 한나라 무제 시대까지 쓰기로 했다.

그러면 어떻게 쓸 것인가? 역사의 참모습을 써내야 한다. 나는 임금들의 흥망성쇠를 큰 줄기로 삼아 신하들의 이야기를 많이 넣었다. 임금을 받드는 신하가 없다면 나라도, 임금도 있을 수가 없다. 그리하여 나는 그 어느 역사책보다 신하들의 이야기를 더 많이 넣어 그들이 어떻게 임금을 도와 나라를 키우고 역사를 이끌었는지 밝히려 했다.

중국의 역사는 충신과 열사들이 있었기에 더욱 빛난다. 그러니 그들의 이야기를 기록하여 이름을 길이 남기는 게 마땅하지 않겠는가.

황제 시대부터 한나라 무제 때까지, 임금부터 충신과 열사, 그리고 그들에게 뒤지지 않는 훌륭한 백성까지, 길고 긴 시간, 수많은 사람의 이야기를 어떻게 정리해야 좋을까?

나는 지금까지 모든 역사책이 당연하게 해 온 대로 일이 일어난 차례에 따라 쓰는 방식을 고집하지 않기로 했다. 그렇게 시간 순서로만 사건을 기록해서는 내가 담고자 하는 이야기, 이야기가 담고 있는 뜻을 제대로 살릴 수 없기 때문이다.

나는 나만의 방식대로 쓰기로 마음먹고 책을 다섯 부분으로 나누었다. 첫째로 〈본기(本紀)〉에는 왕실에서 일어난 사건을 중심으로 연도 차례로 기록했다. 〈표(表)〉에는 제후국들의 얽히고설킨 역사를 시기별, 사건별, 인물별로 정리해 어느 때, 어떤 사건이 일어났으며 어떤 인물들이 서로 관련 있는지 한눈에 들여다볼 수 있게 했다.

〈세가(世家)〉에는 여러 제후국의 역사를 자세하게 기록하고, 〈서(書)〉에는 그 시대 사회에서 중요하게 여긴 것들을 다루었다. 끝으로 〈열전(列傳)〉을 두어 다양한 분야에서 이름을 떨친 사람들의 이야기를 넣었다.

그러기 위해서는 진나라, 한나라 황실의 자료뿐만 아니라 그 이전에 나온 여러 역사서, 경전이나 이름난 이들이 지은 책 등 온갖 자료가 필요했다. 여기에 내가 여행하며 알게 된 이야기까지 보탰다. 지금까지의 역사책은 있는 사실을 전달하는 데 뜻을 두었다. 글쓴이는 역사에 대한 평가를 직접 하지 않았다. 책을 읽는 사람이 평가하도록 한 것이다.

그러나 나는 다르게 생각했다. 우리가 역사책을 읽는 까닭은 역사를 돌아보고 그 속에서 교훈을 얻기 위해서이다. 그렇다면 굳이 객관적으로 쓰려고 노력할 것이 없지 않은가? 나는 내 관점으로 역사를 보고 평가를 내렸다. 내가 생각하고 느낀 것을 숨김없이 솔직하게 써넣었다.

내 역사책은 남의 의견에 따라 흔들리지 않으며, 수박 겉핥기식으로 대충 지나가지 않고, 나의 생각과 뜻을 분명하게 담을 수 있기를 바랐다. 그래야만 살아 있는 역사책이 될 거라 믿었다.

궁형의 치욕은 죽는 날까지 깨끗하게 잊을 수 없을 것이다. 그러나 역사책을 쓰는 동안 역사 속의 사건이나 사람들의 이야기에 깊이 빠져 들면서 나는 잠깐이나마 치욕을 잊고 질병의 고통을 잊을 수 있었다.

이 책을 아버지께 바치다

　우리 조상은 주나라 왕실의 태사였다. 조상들은 나라에 큰 공도 많이 세우고, 천문에 관한 일을 도맡아 해 왔다. 그러나 후대로 내려오면서 차츰 세력이 약해졌다. 아버지는 조상의 이름을 드높이는 후손이 되고 싶어 하셨다. 그러기 위해 훌륭한 역사책을 쓰기로 결심하셨다. 역사책이 대대로 전해지면서 조상의 이름도 함께 드날리게 될 것이라고 내다보았기 때문이다.

　역사책은 섣불리 쓸 수 있는 책이 아니다. 그것을 잘 알고 있던 아버지는 폭넓고 깊이 있는 공부를 하셨다. 최고의 학자로 손꼽히던 아버지는 일찌감치 나를 후계자로 삼고 치밀한 계획을 세워 교육시키셨다. 덕분에 나는 어려서부터 동중서 님과 공안국 님을 비롯해 내로라하는 스승님들을 만나 학문을 두루 배웠다. 또 스무 살 때는 온 나라를 구석구석 여행했다.

여행을 하면서 책에서 배울 수 없는 지혜를 많이 얻었다. 또, 역사를 움직이는 사람들을 직접 만나면서 생각은 깊어지고 가슴은 넓어졌다. 그뿐만 아니라 옛이야기와 온갖 자료를 볼 수 있었다.

아버지가 철저하게 짠 계획에 따라 돌아다니며, 여러 곳을 돌아다니며 많은 사람을 만나는 일은 결코 쉽지 않았다. 지친 몸을 이끌고 끝이 보이지 않는 먼 길을 갈 때는 그대로 주저앉고 싶었다. 그때마다 나는 아버지를 떠올리고, 사명을 되새겼다. 그러면 발을 내디딜 힘이 솟았다. 그렇게 평생을 한 발, 한 발 앞으로 나아갔다.

조상 대대로 해 오던 일을 바탕으로 아버지의 꿈을 잇기 위해 고군분투했던 14년. 비로소 나는 나의 모든 것과 맞바꾼 역사책 130권을 완성했다. 드디어 오랜 짐을 벗었다.

책 쓰기를 마치고 쌓여 있는 죽간을 매만지던 나는 새로 먹을 갈았다. 그리고 책의 맨 끝에 마음을 바쳐 적었다.

아버지와 아들이 함께 쓰다.

치욕을 딛고, 피를 토하며 쓴 이 책을
아버지께 바친다.

저는 계획을 잘 세워요. 방학 때만이 아니라 평소에도 생활 계획표를 만들어 책상 앞에 붙여 놓는답니다. 그런데 계획표대로 실천하는 날은 하루 이틀뿐이에요. 어떻게 하면 계획을 잘 실천할 수 있나요?

훌륭한 목표를 세우고 치밀한 계획을 짜는 사람은 많습니다. 그러나 그것을 끝까지 실천해 끝내 이루는 사람은 그리 많지 않습니다.

생각지도 못했던 많은 걸림돌이 나타날 것이고, 마음이 흩어지게 되기 때문입니다. 그럴 때는 처음으로 돌아가야 합니다. 처음의 그 각오로 다시 시작하는 것이죠. '처음처럼 끝까지'라는 말이 있습니다.

처음 마음먹은 대로 꾸준히 한다면 이루지 못할 목표가 없습니다.

집념이 강한 사람이 일을 이룹니다. '집념'이란 한 가지 일에 매달려 마음을 쏟는 일을 말합니다. 집념은 노력하기에 따라 얼마든지 강하게 키울 수 있습니다.

일기를 써 보세요. 그러면서 나를 돌아보고 새롭게 마음을 다져 보세요. 잘못한 일에 대한 반성만큼 잘한 일에 대한 칭찬도 중요합니다. 스스로 칭찬하고 격려하며 날마다 첫날처럼 계획했던 일에 마음을 모은다면 계획을 실천해 나가는 날이 차츰 늘 것입니다.

아저씨는 감옥에 갔다 오면서 건강이 몹시 나빠졌는데 《사기》를 다 마치기 전에 죽을까 봐 걱정 안 하셨나요? 저는 뭔가 할 일이 있으면 부담스러워요. 그리고 못하면 어쩌나 하는 걱정이 앞서요.

궁형은 치욕스러울 뿐만 아니라 아주 위험한 형벌입니다. 궁형을 받고 바로 죽을 수도 있답니다. 걱정이 되었습니다. 그러나 걱정한다고 해결될 일이 아니라는 것을 알았기에 마음을 다스리려 애썼습니다.

어떤 목표를 세우고 일을 해 나갈 때 걱정이 지나치면 일을 그르치기 쉽습니다. 하늘은 스스로 돕는 자를 돕는다고 했습니다. 일을 이루어낼 수 없으면 어쩌나 하는 걱정을 하는 대신에 '어떻게 하면 일을 이룰 수 있을까?', '목표에 다가갈 수 있는 더 좋은 방법은 없을까?'처럼 긍정적이고 발전적인 생각을 하는 데 마음을 쏟으세요.

목표를 너무 크게 잡은 것은 아닌지 되돌아볼 필요도 있습니다. 목표가 부담스러워 걱정된다면 자신에게 알맞은 목표를 찾아 그것부터 이루는 것이 좋습니다. 그런 뒤에 계단을 밟아 올라가듯 차근차근 올라가세요.

'나는 할 수 있어!'라는 자신감을 가져야 한다는 것 잊지 마시고요.